Mirko Kittler

Immobilien in Deutschland

Ein innovativer Finanzierungsansatz

**Kittler, Mirko: Immobilien in Deutschland: Ein innovativer Finanzierungsansatz,
Hamburg, Igel Verlag RWS 2014**

Buch-ISBN: 978-3-95485-069-3
PDF-eBook-ISBN: 978-3-95485-569-8
Druck/Herstellung: Igel Verlag RWS, Hamburg, 2014

Bibliografische Information der Deutschen Nationalbibliothek:
Die Deutsche Nationalbibliothek verzeichnet diese Publikation in der Deutschen
Nationalbibliografie; detaillierte bibliografische Daten sind im Internet über
http://dnb.d-nb.de abrufbar.

© Igel Verlag RWS, Imprint der Diplomica Verlag GmbH
Hermannstal 119k, 22119 Hamburg
http://www.diplomica.de, Hamburg 2014
Printed in Germany

Inhaltsverzeichnis

Abkürzungsverzeichnis

Abs.	Absatz
BaFin	Bundesanstalt für Finanzdienstleistungsaufsicht
BauGB	Baugesetzbuch
BGH	Bundesgerichtshof
bspw.	beispielsweise
BVI	Bundesverband Investment und Asset Management e.V.
BW	Bodenwert
BWK	Bewirtschaftungskosten
bzw.	beziehungsweise
ca.	circa
CBRE	CB Richard Ellis
CDS	Credit Default Swap
CF	Cash Flow
CMBS	Commercial Mortgage Backed Securities
d. h.	das heißt
DCF	Discounted Cash Flow
DFV	Deutscher Factoring Verband e.V
EG	Europäische Gemeinschaft
EK	Eigenkapital
EKQ	Eigenkapitalquote
EKR	Eigenkapitalrentabilität
et al.	und andere
EUSD	EU Savings Tax Directive
EW	Ertragswert
FAS	Financial Accounting Standards
FASB	Financial Accounting Standards Board
FATCA	Foreign Account Tax Compliance Act
FGM	Finanzierungsgruppe Mittelstand
FK	Fremdkapital
FKQ	Fremdkapitalquote
FKR	Fremdkapitalrentabilität
FKZ	Fremdkapitalzins

GK	Gesamtkapital
GKR	Gesamtkapitalrentabilität
HGB	Handelsgesetzbuch
Hrsg.	Herausgeber
i	Zins
i. d. R.	in der Regel
i. S. d.	im Sinne der
IAS	International Accounting Standard
IFRS	International Financial Reporting Standards
ImmoWertV	Immobilienwertermittlungsverordnung
INREV	European Association for Investors in Non-Listed Real Estate Vehicles
InvG	Investmentgesetz
IRR	Internal Rate of Return
JV	Joint Venture
JVC	Joint Venture Capital
JVF	Joint Venture Finanzierung
KAG	Kapitalanlagegesellschaft
KAGG	Kapitalanlagegesetz
KWG	Kreditwesengesetz
LCR	Liquidity Coverage Ratio
LR	Leverage Ratio
LTV	Loan To Value
MBS	Mortgage Backed Securities
Mio.	Millionen
Mrd.	Milliarden
NSFR	Net Stable Funding Ratio
o. g.	oben genannt
REIT	Real Estate Investment Trust
REPE	Real Estate Private Equity
RES	Real Estate Securitisation
RoE	Rohertrag
s.	siehe

S.	Seite
SPV	Special Purpose Vehicle
Tab.	Tabelle
u. a.	unter anderem
u. v. m.	und viele mehr
US-GAAP	United States Generally Accepted Accounting Principles
usw.	und so weiter
VE	Verkaufserlös
vgl.	vergleiche
WertV	Wertermittlungsverordnung

Abbildungsverzeichnis

Tabellenverzeichnis

1 Einleitung

1.1 Einführung

Thema der vorliegenden Untersuchung sind sowohl alternative Formen der Finanzierung von Immobilien in Deutschland als auch ein möglicher Ansatz für die Bewältigung der sich abzeichnenden Finanzierungslücke bzw. Kreditklemme in der Immobilienwirtschaft.

Investitionen in Immobilien zählen nach wie vor, neben Aktien und Anleihen, zu einer der beliebtesten und sichersten Kapitalanlagen der heutigen Zeit. Allein in 2012 betrug das Investmentvolumen in Deutschland 36 Mrd. Euro (vgl. Fründ/Schulz-Wulkow/von Drygalski 2013, S. 4) und ist somit wieder auf einem Höchststand angelangt. Nur 2006 und 2007, in den „Boomjahren" des Immobilieninvestments, wurde noch mehr Kapital in Immobilien investiert.

Traditionell werden diese großen Investmentvolumina durch eine hohe Fremdkapitalaufnahme bei den Banken finanziert. Durch die diversen Finanz- und Weltwirtschaftskrisen sind jedoch die Zugänge zu den Refinanzierungsmärkten beeinträchtigt, bis nahezu unmöglich geworden, was umgangssprachlich als sog. Kreditklemme bezeichnet wird. Einen vorläufigen Höhepunkt fand diese Problematik in den Jahren 2008 und 2009, nach den Boomjahren von 2006 und 2007. Es folgte anschließend eine leichte Entspannung des Marktes ab 2010.

Jedoch führen mehrere Faktoren dazu, dass das Thema aktueller denn je ist und in den kommenden Jahren deutlich an Signifikanz gewinnen wird. Faktoren hierfür sind einerseits das auseinanderklaffende Angebot und die Nachfrage nach Core-Objekten, die künftigen Vorschriften durch Basel III, aber auch vor allen die bevorstehende Ablösungswelle aus den Boomjahren. All diese Faktoren führen zu einem Umdenken auf dem Immobilienmarkt in Deutschland. Die Folge ist die zunehmende Beachtung, Wahrnehmung und Suche von und nach alternativen Finanzierungsformen, die über die klassischen, lange Jahre bewährten Eigen- und Fremdkapitalfinanzierungen hinausgehen. Ob diese Kreditderivate, wie beispielsweise Joint-Venture Finanzierungen, Real Estate Private Equitys, Wandelanleihen, Optionsanleihen etc. wirklich praktikable Alternativen darstellen, gilt es im Rahmen dieser Arbeit zu untersuchen. Dabei werden zunächst die signifikantesten alternativen Finanzierungsformen betrachtet und daraufhin eine aktuell heiß diskutierte Form (Debt Funds) genauer betrachtet. Außerdem soll anhand aktueller Umfragen und Studien aufgezeigt werden, ob alternative Finanzierungsformen für konservative Anbieter und Nachfrager überhaupt in Frage kommen (vgl. Radner/Volquarts 2011).

1.2 Ziel der Arbeit

Ziel dieser Arbeit ist, den Leser an die Grundlagen der Immobilienfinanzierung in Deutschland heranzuführen. Daraufhin wird aufgezeigt, welche Faktoren Einfluss auf eine mögliche Kreditklemme bzw. Finanzierungslücke haben können. Im Anschluss daran werden die am weitesten verbreiteten alternativen Finanzierungsmöglichkeiten exemplarisch erläutert und ein möglicher Lösungsansatz anhand eines Beispiels der Finanzierung einer Immobilie durch alternative Finanzierungsformen dargelegt. Abschließend soll das Fazit noch eine kritische Würdigung darstellen, ob tatsächlich bereits eine Kreditklemme existiert oder sie wahrscheinlich kommen könnte, wie viele Medien behaupten (vgl. Flatow 2009).

1.3 Aufbau der Arbeit

Im ersten Kapitel erfolgt eine Heranführung des Lesers an das Thema dieser Masterarbeit.

Das folgende Kapitel behandelt die grundlegenden Formen der Immobilienanlagen. Hierbei erfolgt eine Fokussierung auf der Investorenseite, welche Klassifikationen von Investoren gibt es, und wie hoch sind die investierten Volumina der vergangenen Jahre?

Im dritten Kapitel stehen die Formen der Immobilienbewertung im Fokus. Bevor genauer auf die Finanz- und Kostenstruktur eingegangen wird, muss der Leser zunächst darüber informiert werden, wie genau sich die einzelnen Werte zusammensetzen. Zentral herausgegriffen wird hier das Discounted Cash Flow Verfahren, welches eine signifikante Rolle bei der Immobilienbewertung in den letzten Jahren eingenommen hat.

Kapitel vier beschäftigt sich mit Formen der Immobilienfinanzierung: Zunächst soll aufgezeigt werden, welche aktuellen Vorschriften bei den Finanzierungen eingehalten werden müssen, bspw. durch Basel II, und es geht um die Faktoren, welche zu einer befürchteten Kreditklemme führen könnten.

Im fünften Kapitel geht es um die Grundlagen der alternativen Finanzierungsformen: Es erfolgt eine Auswahl der häufigsten und geläufigsten alternativen Finanzierungsformen, mit der Anmerkung, dass in der Literatur über 20 verschiedene Formen auffindbar sind. Zur Vermeidung eines Lehrbuchcharakters wird in diesem Kapitel folglich auf die neun wichtigsten genauer eingegangen. Dabei werden zwei Formen der Eigenfinanzierung, zwei der Mezzanine-Finanzierung, zwei der Fremdfinanzierung und schlussendlich drei sog. Sonderformen der Finanzierung vorgestellt.

Im sechsten Kapitel soll anhand eines aktuellen Beispiels, der sog. Debt Funds, aufgezeigt werden, wie eine Finanzierungslücke mit Hilfe der Anwendung einer alternativen bzw. innovativen Finanzierungsform vermieden werden kann.

Im abschließenden siebten Kapitel erfolgt sowohl eine kritische Würdigung des Finanzierungsmarktes für Immobilien als auch ein Ausblick auf zukünftige Entwicklungen.

2 Formen der Immobilienanlagen

In Deutschland existieren beinahe unbegrenzte Anlagemöglichkeiten für private und institutionelle Investoren. Investitionen in Immobilien zeichnen sich aus durch: Schutz vor Inflation, meist regelmäßige Cash Flows und eine Gesamtportfolio Diversifikation (vgl. Gondring 2011, S. 20). Wie bei allen Investitionen muss die Berücksichtigung zweier Faktoren abgewogen werden, und zwar der Rendite und des Risikos. Eine genauere Darlegung der möglichen Rendite-Risiko-Kombinationen erfolgt jedoch noch an späterer Stelle dieser Arbeit.

Zunächst lässt sich bei den Anlagemöglichkeiten in Immobilien folgende Unterscheidung treffen:

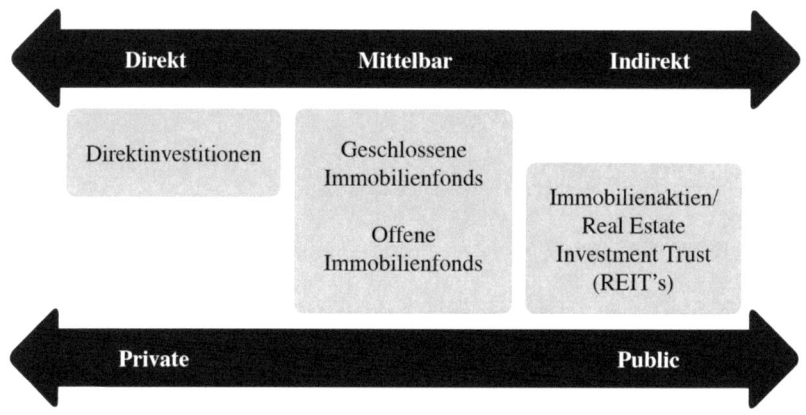

Abbildung 1: Klassifizierung von Anlagemöglichkeiten

(Eigene Darstellung, in Anlehnung an Trübestein 2012, S. 20)

Ein Investor kann aus mehreren Anlageformen in Immobilien auswählen: eine Direktinvestition (direkter Kauf einer Immobilie), eine mittelbare Anlage über Immobilienfonds oder eine indirekte Anlage über eine Investition bei einer Gesellschaft, welche über eine oder mehrere Immobilien in ihrem Portfolio verfügt. Weiterhin gilt es zu unterscheiden, ob die Anlage „public" ist, d. h. an der Börse gehandelt wird, oder „private", d. h. am außerbörslichen Handel geschieht (vgl. Trübestein 2012, S. 20).

2.1 Direktinvestitionen

Bei einer Direktinvestition erfolgt ein rechtlicher und wirtschaftlicher Eigentumstransfer der Immobilie vom Verkäufer an den Investor, welcher zum Eigentümer des Objektes wird. Hieraus resultiert einerseits die uneingeschränkte Befugnis über die Immobilie, andererseits beinhaltet diese Form jedoch auch die daraus resultierenden Rechte und Pflichten. Zentraler Vorteil einer Direktinvestition in eine Immobilie ist oftmals die erhöhte Rendite, da die finanziellen Überschüsse (Mieteinnahmen) dem Investor direkt und unmittelbar zufließen (vgl. Kohli et al 2007, S. 35). Die Voraussetzung hierfür ist jedoch die Abschließung von längerfristigen Mietverträgen mit Mietern, die eine gute Bonität aufweisen können und dadurch eine stabile Cash Flow Generierung sicherstellen.

Neben diesem Vorteil seien jedoch auch die sich daraus ergebenden Nachteile erwähnt. Durch die Direktinvestition erfolgt eine sehr lange und hohe Kapitalbindung, welche einhergeht mit hohen Transaktions- und Folgekosten (vgl. Trübestein 2012, S.20). Als Folgekosten seien hier beispielsweise das Property- oder das Facility-Management genannt, die der Eigentümer der Immobilie tragen muss, ebenso wie der Personalaufwand, der einkalkuliert werden muss, um eine Immobilie zu managen.

Aus diesem Nachteil der hohen Kapitalbindung ergibt sich auch die eigentliche Problematik einer Direktinvestition in Immobilien für private Investoren: das sog. Klumpenrisiko. Aufgrund der hohen Kapitalbindung kann nicht ausreichend innerhalb des Portfolios diversifiziert werden. Ein risikodiversifizierender Mix aus den unterschiedlichen Asset-Klassen (Wohnen, Büro, Hotel, Logistik, Einzelhandel) ist häufig nicht möglich. Es folgt eine Klumpenbildung von einer Asset-Klasse mit sehr ähnlicher Mieterstruktur (vgl. Del Casino 1995, S. 919).

Die Folge dieser Problematik ist, dass Privatanleger sich zwar über die Jahre hinweg durch Direktinvestitionen einen hohen Bestand an z.B. Wohnimmobilien angeeignet haben, die anderen Asset-Klassen jedoch aufgrund der größeren Investmentvolumina den institutionellen Investoren vorbehalten bleiben (vgl. Fröhling/Ragotzky 2006, S. 485).

2.2 Immobilienfonds

Immobilienfonds in Deutschland werden aktiv verwaltet und zählen zu der klassischen Form der indirekten Anlagemöglichkeit. Immobilien stellen hierbei das zentrale Fondsvermögen dar. Durch Ausgabe von Zertifikaten des Fonds kann ein Investor einen verbrieften Teil des Immobilienvermögens des Fonds erwerben. Das Kapital der Investoren wird dafür verwendet, um im Namen des Fonds Immobilien zu erwerben. Weiterhin lassen sich Immobilienfonds unterscheiden in offene und geschlossene Immobilienfonds sowie Spezialfonds (vgl. Koffner 2004: S. 75). Grundlegend ist jedoch für alle Fonds das sog. Investmentdreieck:

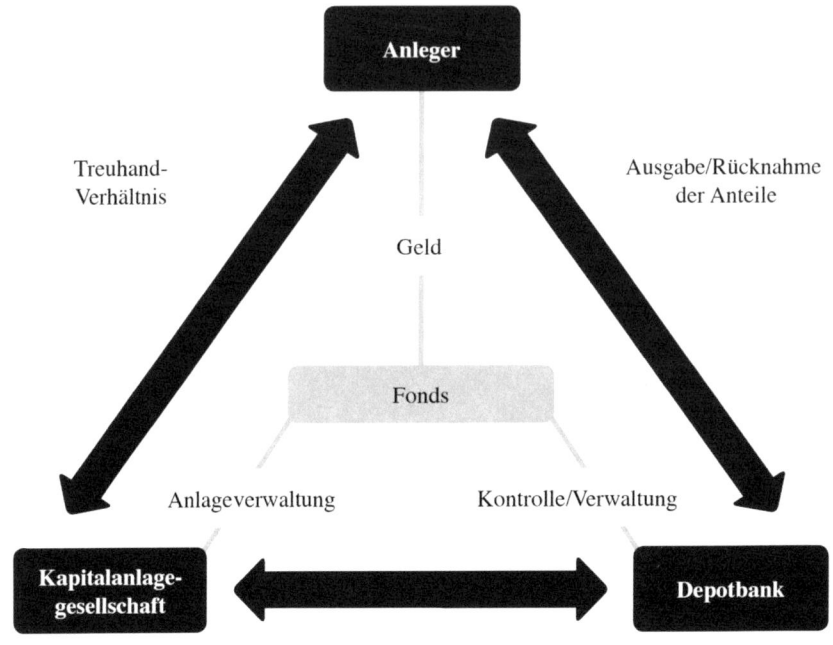

Abbildung 2: Das Investmentdreieck.

(Eigene Darstellung, in Anlehnung an BVI 2012, S. 8)

Das Investmentdreieck wird gebildet durch den Anleger, die Fondsgesellschaft (auch Kapital-anlegegesellschaft KAG genannt) und die Depotbank. Durch §75 InvG ist vorgeschrieben, dass die Kapitalanlagegesellschaft (KAG) das Eigentum an den Immobilien hält. Die Verbin-dung zu den einzelnen Anlegern besteht dadurch, dass diese durch die Zeichnung der Anteile schuldrechtlich mit der KAG verbunden sind. Entscheidend ist hier, dass die Immobilien als Sondervermögen der KAG gehandhabt werden, so dass die Anleger vor dem Zugriff anderer Gläubiger geschützt werden. Die Depotbank nimmt bei Immobilienfonds, anders als etwa bei Aktienfonds, eine eher marginale Rolle ein. Im Folgenden sollen die einzelnen Formen der Immobilienfonds genauer dargestellt werden.

2.2.1 Offene Immobilienfonds

Die Offenen Immobilienfonds in Deutschland stellen eine Vermögensanlage in Kollektivform dar. Die Grundstruktur eines Offenen Immobilienfonds ist dabei relativ simpel: Viele kleine Anleger oder auch größere Investoren werden durch den Fonds vereint, um hierdurch Immobilien erwerben zu können, welche sie als einzelne nicht in der Lage wären zu finanzieren. Dadurch können hochvolumige und besser diversifizierte Anlageobjekte erworben werden. Die zentrale Charakteristik eines offenen Immobilienfonds zeichnet sich dadurch aus, dass Anteile von den Investoren jederzeit individuell gekauft und zurückgegeben werden können. Hierbei existieren zwar des Öfteren gewisse Mindestanlagesummen (z.B. ab 10.000 Euro), aber der Kreis der Anleger ist nicht begrenzt und „jeder", sowohl Privatleute, als auch institutionelle Investoren können Anteile zeichnen (vgl. Servatius 2012, S. 2).

Bei einem Offenen Immobilienfonds unterliegt die KAG (vgl. Abbildung 2: Das Investmentdreieck) den strengen Kontrollen der Bundesanstalt für Finanzdienstleistungsaufsicht (BaFin). Anders als bspw. bei geschlossenen Immobilienfonds, können bei der offenen Variante ständig neue Zertifikate ausgegeben werden, wodurch sich das Gesamtvolumen des Fonds immer weiter erhöhen kann. Es existiert folglich keine Begrenzung bei der Anzahl und dem Wert der Zertifikate (Open-End-Prinzip). Das dadurch frisch generierte Kapital kann genutzt werden, um weitere Immobilien zu erwerben. Des Weiteren gibt es einen Sekundärmarkt, an welchem täglich ein Handel stattfindet. Bei einem funktionierenden Sekundärmarkt können somit die Zertifikate zum Tageskurs ge- und verkauft werden (vgl. Kofner 2004, S. 75).

Zwar versuchen die Offenen Immobilienfonds nur begrenzt Risiken einzugehen, durch bspw. Kauf von Objekten in sehr guten Mikrolagen oder auch dem gesetzlich vorgeschriebenen Gebot der Risikodiversifizierung (vgl. §§1 S.2, 67, 73 InvG), dennoch sollten die Hauptrisiken nicht außer Acht gelassen und hier erwähnt werden:

1. Keine vollständige Veröffentlichung darüber, um welche Immobilie es sich genau handelt, die erworben wurde (vgl. Deter et al 2005, S. 43).

2. Ist ein Fonds erfolgreich, kommt es zu einem sog. Anlegerzulauf. Dies führt dazu, dass das Fondsmanagement einem gewissen Investmentdruck ausgesetzt wird und folglich investieren muss und dadurch nicht optimale Objekte erworben werden, weil bessere zu dem jeweiligen Zeitpunkt nicht auf dem Markt verfügbar sind. Daraus kann

eine Verwässerung der Qualität bzw. eine Renditeschmälerung erfolgen und auf längere Sicht auch ein erhöhtes Risiko, da zu risikoreicheren Produkten gegriffen wird (vgl. Deter et al 2005, S. 43).

3. Durch das Liquiditätsrisiko (unzureichende liquide Mittel oder zu viele Anteilsscheinrückgaben auf einmal) besteht die Gefahr, dass das Fondsvermögen „eingefroren" werden muss, somit das Kapital längerfristig gebunden wird und erhebliche Einbußen in Kauf genommen werden müssen (vgl. Servatius 2012, S. 3–4). Als eines der prominentesten deutschen Beispiele für einen offenen Immobilienfond, der liquidiert und über die BaFin abgewickelt werden musste, kann hier der AXA Immoselect genannt werden (vgl. Leykam, 2013), der Degi International, der SEB ImmoInvest, und viele weitere mit einem Wert der Fondsimmobilien von über 9,2 Mrd. Euro (vgl. n-tv 2012).

2.2.2 Geschlossene Immobilienfonds

Der grundlegende Unterschied zwischen geschlossenen und offenen Immobilienfonds besteht darin, dass erstgenannte einmalig das Kapital einsammeln und dann investieren. Danach wird der Fonds geschlossen und es ist kein weiterer Erwerb von Anteilen möglich. Oftmals beschränkt sich das Kapital der Investition dann auch nur auf ein höhervolumiges Objekt, z.B. ein Einkaufszentrum oder ein Bürohaus für mehrere Millionen Euros. Die Rendite für die Investoren errechnet sich aus den laufenden Mieteinnahmen und dem Verkaufspreis des Objektes nach dem Ende der geplanten Laufzeit.

Kennzeichnend für geschlossene Fonds ist, dass der Investor die Rolle eines Kommanditisten einnimmt; juristisch gesehen wird der Investor somit selbst zum Unternehmer und trägt alle Chancen, aber auch Risiken, die aus dieser Anlage resultieren. Der Kommanditist haftet nämlich in voller Höhe seiner Einlage (vgl. Deter et al 2005, S. 44), jedoch entfällt der Aufwand für die Verwaltung, da dieser von der Fondsgesellschaft getragen wird (vgl. Pfnür 2011, S. 155). Wie bei den offenen Immobilienfonds, sollte auch auf die Risiken dieser Form der Immobilienanlage eingegangen werden:

1. Die geringe Transparenz bei der Mittelverwendung, welche auch gesetzlich nicht vorgeschrieben wird (vgl. Pilz 2007, S. 42).

16

2. Die geringe Diversifikation bei der Anlage, da meist nur ein Investitionsobjekt erworben wird (vgl. Pilz 2007, S. 43).

3. Tendenziell werden geschlossene Fonds für Projektfinanzierungen aufgelegt. Probleme können entsprechend entstehen, wenn die Kosten des Projekts unvorhersehbar steigen und das Projekt teurer oder gar nicht erst fertig gestellt wird. Anleger erleiden hierdurch teilweise Totalausfälle ihres eingesetzten Kapitals (vgl. Pilz 2007, S. 44).

2.2.3 Spezialfonds

Spezialfonds fallen in die Kategorie der offenen Immobilienfonds. Der Name resultiert daraus, dass die KAG den Fonds für spezielle institutionelle Investoren auflegt. Dabei werden, wie bei den offenen Immobilienfonds, die Anteile laufend ausgegeben. Durch das Kapitalanlagegesetz (KAGG) unterliegen die erworbenen Immobilien dem rechtlichen Eigentum der KAG und werden von der BaFin beaufsichtigt (vgl. Pilz 2007, S. 41). Folgende Grafik veranschaulicht die bedeutendsten und verbreitetsten Investorengruppen von Spezialfonds:

Abbildung 3: Initiierung von Spezialfonds

(Eigene Darstellung, in Anlehnung an Pilz 2007, S. 41)

2.3 REITs

Real Estate Investment Trusts (REITs) sind börsennotierte Immobiliengesellschaften, die aufgrund gesetzlicher Bestimmungen Vorteile gegenüber den anderen Immobilienfonds aufweisen. Hierbei nehmen REITs eine Art Zwischenstellung ein zwischen Anleihen und Aktien. Sie wurden 2007 in Deutschland eingeführt und erfreuen sich aufgrund ihrer Befreiung von Körperschaft- und Gewerbesteuer immer größerer Beliebtheit. Der zentrale Zweck der REITs besteht in der Bewirtschaftung von Immobilien. Die Steuerbegünstigungen resultieren daraus, dass die erzielten Gewinne nicht auf Gesellschafterebene, sondern auf Anteilseignerebene versteuert werden. Die Mieteinnahmen bzw. die Gewinne, die generiert werden, werden folglich als Dividende an die Anteilseigner ausgeschüttet (vgl. Börse Frankfurt 2013).

Der signifikante Unterschied zwischen einer REIT und den zuvor erörterten offenen, geschlossenen und Spezial-Immobilienfonds liegt darin, dass die Anteile von den börsennotierten REITs an der Börse wie Aktien frei handelbar sind. Hier bestimmt Angebot und Nachfrage den Preis, was durchaus dazu führen kann, dass ein REIT im Wert steigt, obwohl es Gewinneinbußen im operativen Geschäft des REIT gibt (vgl. Pilz 2007, S. 49).

Genau hier besteht auch der Vorteil der REITs ggü. einem offenen Immobilienfonds: Sie sind resistenter gegen kurzfristige Mittelzu- oder abflüsse. Ein hoher kurzfristiger Mittelzufluss führt nicht zu der Problematik, das Geld schnell in eine Immobilie investieren zu müssen und somit ein minderwertiges Objekt zu erwerben, wenn der Markt zum jeweiligen Zeitpunkt keine besseren Alternativen bietet. Ebenso entsteht bei kurzfristigen Mittelabflüssen nicht die Gefahr der Illiquidität (vgl. Pilz 2007, S. 50). Folgende Grafik veranschaulicht zusammenfassend die bedeutendsten Vorteile der REITs:

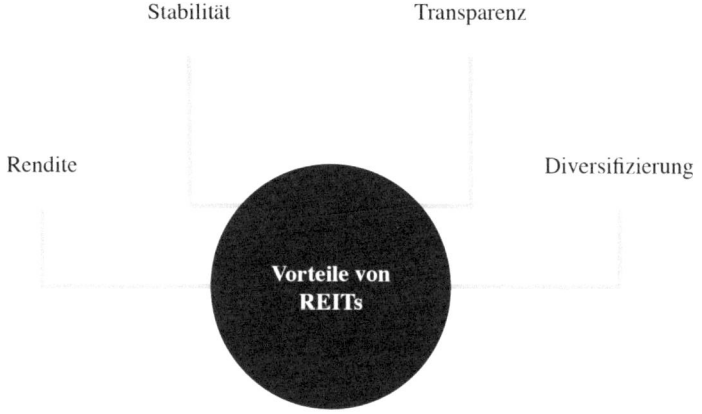

Stabilität   Transparenz

Rendite   Diversifizierung

Vorteile von
REITs

Abbildung 4: Vorteile von REITs

(Eigene Darstellung, in Anlehnung an Pilz 2007, S. 50–53)

2.4 Zusammenfassung klassischer Immobilienanlageformen

Um den Rahmen dieser Arbeit nicht zu sprengen, erfolgte nur eine Auswahl der bedeutendsten klassischen Anlageformen für Immobilien. Abschließend werden die deutlichsten Unterschiede noch einmal tabellarisch aufgezeigt:

	Direktanlagen	Offene Immobilienfonds	Geschlossene Immobilienfonds	REITs
Geschäfts-konstruktion	Direktes wirtschaftliches Eigentum	Erwerb eines Zertifikats	Einlage als Kommanditist	Anteile als Aktionär, Sonderform der Aktiengesellschaft
Kapital-einsatz	+	-	-	-
Fungibilität	-	+	-	+
Diversifi-kation	-	-/+	-	Abhängig von der AG-Größe
Kosten	+	-/+	-/+	-
Anleger-struktur	privat (Wohn-Immobilien) / institutionell (Gewerbe-Immobilien)	eher privat	eher privat	privat und institutionell

+ = hoch, - = gering, +/- = mittel

Tabelle 1: Zusammenfassung klassischer Immobilienanlageformen

(Eigene Darstellung, in Anlehnung an Hübner 2012, S. 9)

3 Grundlagen der Immobilienbewertung in Deutschland

Da die Grundvoraussetzung für eine Kapitalanlage in Immobilien die Ermittlung des geldmäßigen Wertes der Immobilie ist, werden im Folgenden die bedeutendsten Wertermittlungsverfahren näher erläutert.

„Die Wertermittlung von Grundbesitz ist die Kunst, in einem durch Rechtsvorschriften geregelten Verfahren und aufgrund eigener Erfahrungen sowie fundierter betriebswirtschaftlicher, juristischer und bautechnischer Kenntnisse einen Wert zu ermitteln. Man versucht, wohlbegründet und für den Adressaten auch nachvollziehbar, einen Blick in die nicht gegebene zukünftige Realität zu werfen, indem man einen Wert prognostiziert, ohne genau zu wissen, ob der Markt diesen auch annehmen würde." (Sommer 2003)

Dieses mittlerweile zehn Jahre alte Zitat von Sommer hat damals wie auch heute die Problematik der Immobilienbewertung treffend zusammengefasst und hat heutzutage noch große Relevanz. Es folgt ein knapper und verständlicher Überblick über dieses Fachgebiet der Immobilienbewertung, welches etliche andere Bereiche der Wissenschaften tangiert. Die wesentlichen Bewertungsanlässe werden nachfolgend dargestellt:

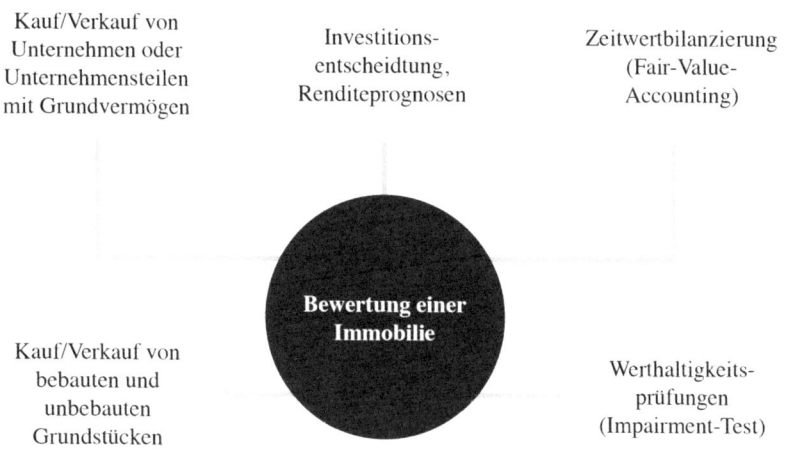

Abbildung 5: Wesentliche Immobilienbewertungsanlässe

(Eigene Darstellung, in Anlehnung an Beck 2005, S. 53)

Wie in der Unternehmensbewertung bestimmt der Zweck die Rechnung (vgl. Schmalenbach 1926). Deshalb muss vor der Bewertung zunächst eine Analyse durchgeführt werden, ob es sich bei der Wertermittlung um einen objektiven oder subjektiven Wert handeln soll. Daraufhin wird die im konkreten Fall passende Bewertungsmethode gewählt (vgl. WP-Handbuch 2012).

Ziel und Zweck einer jeden Wertermittlung ist die Ermittlung eines Preises, der die wirtschaftlichen Interessen von Anbieter und Nachfrager vereint. Hierzu wird meist ein Gutachten erstellt, welches auf Basis der erhobenen Daten einer Immobilie ein bestimmtes Wertermittlungsverfahren durchlaufen hat, um zu einer plausiblen Wertermittlung zu gelangen (vgl. Erndt/Metzer 2006, S. 29–34).

Einen Überblick über die Wertermittlungsverfahren, die anschließend genauer erörtert werden, gibt folgende Darstellung:

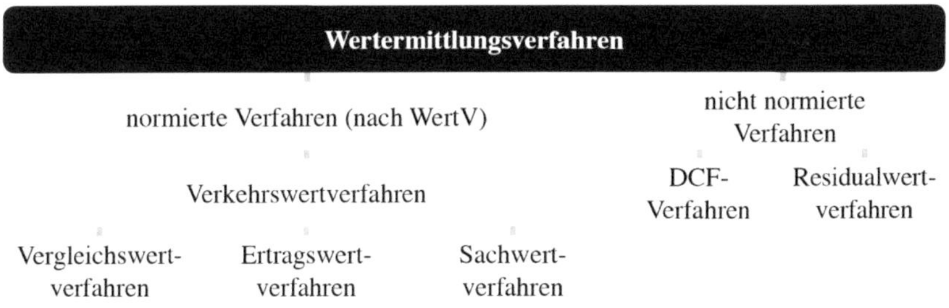

Wertermittlungsverfahren		
normierte Verfahren (nach WertV)		nicht normierte Verfahren
Verkehrswertverfahren		DCF-Verfahren / Residualwertverfahren
Vergleichswertverfahren	Ertragswertverfahren	Sachwertverfahren

Abbildung 6: Wesentliche Wertermittlungsverfahren

(Eigene Darstellung, in Anlehnung an Beck 2005, S. 54)

3.1 Verkehrswertverfahren

Die Verkehrswertdefinition gemäß § 194 BauGB lautet:

„Der Verkehrswert wird durch den Preis bestimmt, der im Zeitpunkt, auf den sich die Ermittlung bezieht, im gewöhnlichen Geschäftsverkehr nach den rechtlichen Gegebenheiten und tatsächlichen Eigenschaften, der sonstigen Beschaffenheit und der Lage des Grundstücks ohne des sonstigen Gegenstands der Wertermittlung ohne Rücksicht auf ungewöhnliche oder persönliche Verhältnisse zu erzielen wäre." (BauGB §194).

Ziel ist bei diesem Verfahren die Ermittlung eines marktgerechten Wertes. Für jeden Bewertungsfall müssen die geeigneten Verfahren ausgewählt werden. Gemäß WertV sind dies die in Abbildung 6 ersichtlichen, normierten Verfahren, nämlich das Vergleichswert-, Ertragswert- und das Sachwertverfahren. Hierbei ist zu erwähnen, dass bei der Verkehrswertermittlung keine Vorschrift darüber besteht, welches Verfahren vorrangig angewandt werden soll oder ob nicht eine Kombination aus mehreren Verfahren möglich ist (vgl. Barig 2011).

3.1.1 Vergleichswertverfahren

Das Vergleichswertverfahren (bis 2010: §13 WertV 98, heute: §15 ImmoWertV) kann als signifikanteste Methode innerhalb der normierten Verfahren bezeichnet werden. Ausgangspunkt bei dieser Methode ist, dass sich der Verkehrswert des zu bewertenden Objektes aus tatsächlich am Markt realisierten Kaufpreisen von Vergleichsobjekten ableiten lässt. Folglich müssen die für eine korrekte Wertermittlung relevanten Faktoren, wie z.B. Makrolage, Mikrolage, Nutzungsart, Größe, Alter etc. des zu bewertenden Objektes ermittelt werden, um einen verlässlichen Vergleich mit Transaktionspreisen für ähnliche Objekte zuzulassen (vgl. Beck 2005, S. 54–55).

Anhand eines vereinfachten fiktiven Beispiels soll aufgezeigt werden, wie der sog. Vergleichsfaktor bei einem Objekt ermittelt wird:

Transaktionspreis des Vergleichsobjektes:	20.000.000 Euro
Nettokaltmiete p.a. des Vergleichsobjektes:	1.500.000 Euro
Vergleichsfaktor: 20.000.000 Euro / 1.500.000 Euro	13,33
Nettokaltmiete p.a. des zu bewertenden Objektes:	1.450.000 Euro
Ermittelter Wert des Objektes (=Verkehrswert): 1.450.000 Euro x Faktor 13,33 =	19.328.500 Euro

Tabelle 2: Fiktives Beispiel für das Vergleichswertverfahren

(Eigene Darstellung)

Angemerkt sei noch, dass sich für den Gutachter immer die Problematik ergibt, ein vergleichbares Objekt zum genauen Bewertungszeitpunkt finden zu müssen.

3.1.2 Ertragswertverfahren

Das Ertragswertverfahren findet seine gesetzliche Regelung in §§17 bis 20 der ImmoWertV. Dieses Verfahren wird auch als sog. gesplittetes Verfahren bezeichnet, da sich die zum Schluss ergebende Wertermittlung aus zwei separaten Komponenten zusammensetzt, nämlich der Ermittlung des Bodenwertes und der Ermittlung von Einkünften der baulichen Anlage, die sich auf dem entsprechenden Grundstück befindet.

Die Definition der ImmoWertV lautet: *„Im Ertragswertverfahren wird der Ertragswert auf der Grundlage marktüblich erzielbarer Erträge ermittelt. Soweit die Ertragsverhältnisse absehbar wesentlichen Veränderungen unterliegen oder wesentlich von den marktüblich erzielbaren Erträgen abweichen, kann der Ertragswert auch auf der Grundlage periodisch unterschiedlicher Erträge ermittelt werden."* *(ImmoWertV §17 Abs.1).*

Nachfolgend wird das allgemeine Ertragswertverfahren exemplarisch und vereinfacht dargestellt, in Anlehnung an Beck 2005, S. 55–57:

Rohertrag p.a. (Kaltmiete)

– nicht umlagefähige Bewirtschaftungskosten (z.B. Verwaltungskosten-, Instandhaltungskosten etc.)

= Jahresreinertrag

– Bodenwertverzinsung (stellt den Ertragsanteil des Bodens dar. Ermittlung durch Multiplikation von Bodenwert mit Liegenschaftszins, wobei der Liegenschaftszins die durchschnittliche und marktübliche Verzinsung von Liegenschaften darstellt. Der genaue Zins kann den Grundstücksmarktberichten der Städte und Gemeinden entnommen werden oder durch Zusammenstellungen der Zinsen von einzelnen Standorten, wie z.B. von Kleiber et al. (vgl. Kleiber et al 2010).

= Jahresreinertrag der baulichen Anlagen

* Vervielfältiger (entspricht dem nachschüssigen Rentenbarwertfaktor einer Zeitrente, die Formel hierfür lautet: $V = \frac{q^n - 1}{q^n \times i}$, mit q = 1+ i, n = Restnutzungsdauer und i = Liegenschaftszinssatz (vgl. CertEstate 2013).

= Ertragswert der baulichen Anlagen

Bodenrichtwert

➔ Anpassung an das Maß der baulichen Nutzung

➔ Anpassung an Grundstücksgröße

➔ Anpassung an Grundstückstiefe

➔ Freiflächen / Verkehrsflächenabschlag

➔ Zu- / Abschlag für eventuelle Erschließungskosten

= Bodenwert

3. Schritt: Ermittlung des Ertragswertes

Ertragswert der baulichen Anlagen (wie oben ermittelt)
= vorläufiger Ertragswert
+ Bodenwert (wie oben ermittelt)
− Sonstiges (Abweichungen tatsächliche Miete zur marktüblichen Miete, Instandhaltungs-stau, Bauschäden, Baumängel)
= Ertragswert (=Verkehrswert)

Tabelle 3: Ertragswertverfahren

(Eigene Darstellung, in Anlehnung an Beck 2005, S. 55–57)

Die obige Rechnung veranschaulicht die Komplexität des allgemeinen Verfahrens. Zusammenfassend sei das Ertragswertverfahren in folgender Formel dargestellt:

$$EW = (RoE - BWK - i \times BW) \times V + BW$$

mit

EW	Ertragswert
RoE	Rohertrag
BWK	Bewirtschaftungskosten
i	Liegenschaftszinssatz
BW	Bodenwert
V	Vervielfältiger (Rentenbarwertfaktor)

Tabelle 4: Formel des Ertragswertverfahrens

(Eigene Darstellung, in Anlehnung an CertEstate 2013).

Wie das bereits dargestellte Vergleichswertverfahren kann auch dieses Verfahren am besten mit einer fiktiven Beispielrechnung veranschaulicht werden:

Beispielrechnung (i=5,0 Prozent, n= 50 Jahre)	
Jahresrohertrag	1.500.000 Euro
- Bewirtschaftungskosten	300.000 Euro
= Jahresreinertrag	1.200.000 Euro
(Bodenwert= 10.000.000 Euro)	
- Bodenverzinsung (5 Prozent aus 10.000.000 Euro)	500.000 Euro
= Jahresreinertrag baulicher Anlagen	700.000 Euro
x Vervielfältiger (nach §20 ImmoWertV)	Faktor 18,26
= Ertragswert baulicher Anlagen	12.782.000 Euro
+ Bodenwert	10.000.000 Euro
= Ertragswert	22.782.000 Euro

Tabelle 5: Fiktives Beispiel für das Ertragswertverfahren

(Eigene Darstellung)

Um den Rahmen dieser Arbeit nicht zu sprengen, wird nicht auf die einzelnen Einflussfaktoren der Werte eingegangen. Zusammenfassend und vereinfachend ist zum Ertragswertverfahren jedoch folgende Fragestellung aus Sicht des Kapitalgebers festzuhalten: Bis zu welchem
Preis lohnt sich der Erwerb einer bestimmten Immobilie, wenn diesem die künftigen Zah-
lungsmittelüberschüsse gegenübergestellt werden? (vgl. CerEstate 2013).

3.1.3 Sachwertverfahren

Das Sachwertverfahren als letztes normiertes Verfahren wird in den §§ 21–23 ImmoWertV definiert. Das folgende Ablaufschema kann als einfachste Veranschaulichung herangezogen werden:

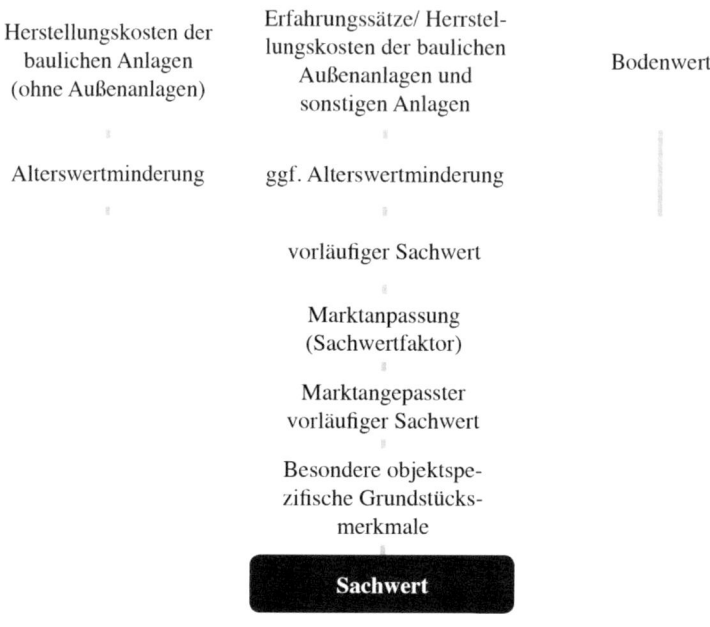

Abbildung 7: Sachwertzusammensetzung

(Eigene Darstellung, in Anlehnung an Sommer 2012 , S. 4)

Ähnlich wie beim Ertragswertverfahren erfolgt beim Sachwertverfahren eine „Splittung" in Bodenwert und den Wert der baulichen und sonstigen Anlagen. Dabei wird der Bodenwert mithilfe des Vergleichswertverfahrens ermittelt, wobei er aber als fiktiv unbebaut angesetzt wird (vgl. Beck 2005, S. 58).

Ein grundlegender Unterschied besteht hier im Ansatz des Gebäudewertes zu den Herstellungskosten, mit Einbeziehung des Alters, Baumängeln und Bauschäden sowie sonstiger Umstände, welche einen Einfluss auf den Gebäudewert haben können. Weiterhin werden bauliche Außenanlagen einbezogen, wie etwa Garagen, Stellplätze, Grünanlagen etc. Als besondere Betriebseinrichtungen verstehen sich z.b. Aufzüge in Wohnobjekten oder Laderampen bei gewerblich genutzten Objekten (vgl. Beck 2005, S. 58). Nach der Addition dieser drei Komponenten erfolgt noch eine Anpassung an den Marktwert, um zu dem endläufigen Sachwert (hier Verkehrswert) zu gelangen (vgl. Sommer 2012, S. 22–24).

3.1.4 Zusammenfassung Verkehrswertverfahren

Goetz Sommer, öffentlich bestellter und vereidigter Sachverständiger der IHK Bonn, trifft es mit seiner Aussage über die Verkehrswertverfahren genau:

„Verkehrswertermittlung ist und bleibt ein Produkt intellektuellen Bemühens auf Basis ökonomischen Denkens und wird nie Ergebnis einer normierten Kalkulation sein. Daran ändert auch die Sachwertrichtlinie nichts." (Sommer 2012)

Bei allen oben erläuterten Verfahren muss also immer bedacht werden, dass selbst der BGH eine Abweichung von der Ergebnisgenauigkeit von ± 20 Prozent zubilligt (vgl. BGH-Urteil V ZR 148/60 vom 23.11.1962). Dieses Urteil ist rund 51 Jahre alt und hat dennoch keineswegs an Relevanz oder Aktualität verloren (vgl. Sommer 2012, S. 26).

3.2 DCF-Verfahren

Da das Discounted Cash Flow-Verfahren in der ImmoWertV nicht geregelt ist, wird es auch als nicht normiertes Verfahren bezeichnet (vgl. Beck 2005, S. 58). Eigentlich stammt dieses Verfahren aus der Unternehmensbewertung und findet seine Regelung in IAS 40, welcher sich um die sog. Investment Properties kümmert (vgl. Zülch 2002, S. 201). Dabei geht es um Immobilien, aus denen Erträge durch Mieteinnahmen oder Wertsteigerungen erzielt werden sollen und folglich nicht um privat genutzte Objekte (vgl. IAS 40, Abs. 5–15).

Aufgrund zunehmender Internationalität in der Immobilienbranche ist das DCF-Verfahren vor allem bei Investitionsbanken, Consultantfirmen und Wirtschaftsprüfern sehr beliebt. Bei der Berechnung wird die zukünftige Rendite der Investition zum Kaufstichtag diskontiert. Welche Erwartung ein Investor bzgl. der Rendite hat, gilt als Grundlage für die gesamte DCF-Rechnung (vgl. Immobilien Scout 2013).

Rechnerisch betrachtet, werden alle künftigen Ein- und Auszahlungen auf den Bewertungs-stichtag diskontiert und somit der Barwert der Investition bestimmt, vereinfachend dargestellt in folgender Abbildung 8:

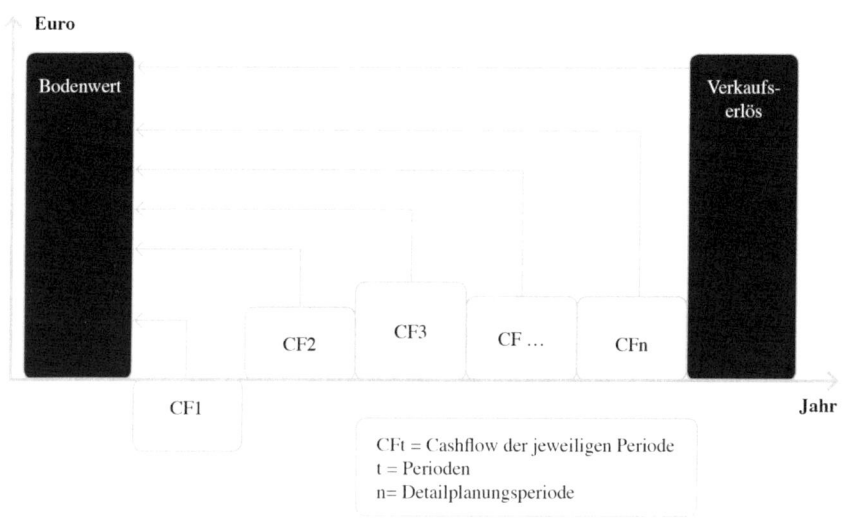

Abbildung 8: DCF-Diskontierung

(Eigene Darstellung, in Anlehnung an Dietrich 2009, S. 30)

Ist der Barwert der Investition positiv, gilt es zu investieren. Je höher der Barwert ist, desto lukrativer erscheint die Investition für den Investor; die damit verbundene Attraktivität der Immobilieninvestition steigt ebenfalls (vgl. Immobilien Scout, 2013).

Die DCF-Methode ist deshalb bei vielen internationalen Investoren so beliebt, weil sie das Immobilieninvestment vergleichbar macht mit anderen Investitionsalternativen. Die Vorgehensweise hierbei ist relativ simpel:

1. Schritt: Schätzung der zukünftigen Zahlungsströme (Mieteinnahmen) für eine Detailplanungsphase von meist 10 Jahren, danach mit indexierten CF bis zum Ende der Restnutzungsdauer unter Berücksichtigung der Mietvertragslaufzeiten.

2. Schritt: Ermittlung und Berücksichtigung der Internal Rate of Return (IRR), welche der internen Verzinsung entspricht.

3. Schritt: Der Wert der Immobilie ergibt sich folglich durch die Verzinsung des Kapitals, welches in der Kapitalanlage gebunden ist und entspricht aufgrund der Diskontierung dem Wert der Immobilie zum Bewertungsstichtag (vgl. Dietrich 2009, S. 35).

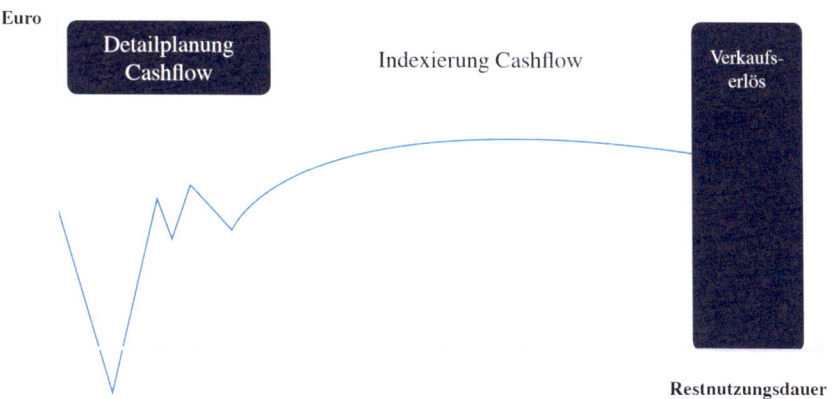

Abbildung 9: DCF-Verfahren

(Eigene Darstellung, in Anlehnung an Dietrich 2009, S. 31)

Zur Verdeutlichung dient, wie bei den anderen Verfahren, eine fiktive Beispielrechnung:

DCF Verfahren
ohne Bodenwert und mit ewiger Verzinsung

Grunddaten DCF

Inflationsrate	2,00 %
Diskontierungszinssatz*	5,00 %
Exit Cap Rate	5,00 %
Verkaufsnebenkosten	2,50 %
Mietausfallwagnis	3,00 %
Verwaltungskosten	2,00 %
Instandhaltungskosten m²	5,00 €
jährl. Mietsteigerungsrate	1,00 %
* entspricht einem Vervielfältiger	20,00

Mieten

	Fläche	Nettokaltmiete im 1 Jahr (m²)
Mieter A	4.000,00 m²	240,00 €
Summe(n)	4.000,00 m²	240,00 €

$$KW = \left(\sum_{t=1}^{n} RE_t \cdot \frac{1}{(1+i_{eff})^t}\right) + RE_n \cdot \frac{1}{i_{eff}} \cdot \frac{1}{(1+i_{eff})^n}$$

DCF-Analyse

	Jahr 1	Jahr 2	Jahr 3	Jahr 4	Jahr 5	Jahr 6	Jahr 7	Jahr 8	Jahr 9	Jahr 10	Restwert ewig
1. Nettokaltmieten											
Mieter A (inflationsangep.)	960.000 €	979.200 €	998.784 €	1.018.760 €	1.039.135 €	1.059.918 €	1.081.116 €	1.102.738 €	1.124.793 €	1.147.289 €	1.147.289 €
2. Grundstücksrohertrag	960.000 €	979.200 €	998.784 €	1.018.760 €	1.039.135 €	1.059.918 €	1.081.116 €	1.102.738 €	1.124.793 €	1.147.289 €	1.147.289 €
3. Bewirtschaftungskosten											
.. Instandhaltungskosten	20.000 €	20.200 €	20.402 €	20.606 €	20.812 €	21.020 €	21.230 €	21.443 €	21.657 €	21.874 €	
.. Mietausfallwagnis	28.800 €	29.376 €	29.964 €	30.563 €	31.174 €	31.798 €	32.433 €	33.082 €	33.744 €	34.419 €	
.. Verwaltungskosten	19.200 €	19.584 €	19.976 €	20.375 €	20.783 €	21.198 €	21.622 €	22.055 €	22.496 €	22.946 €	
4. Reinertrag	892.000 €	910.040 €	928.442 €	947.216 €	966.366 €	985.902 €	1.005.831 €	1.026.158 €	1.046.896 €	1.068.050 €	1.068.050 €
5. Cash-Flow insgesamt	892.000 €	910.040 €	928.442 €	947.216 €	966.366 €	985.902 €	1.005.831 €	1.026.158 €	1.046.896 €	1.068.050 €	
6. Abzinsungsfaktoren	0,95238	0,90703	0,86384	0,82270	0,78353	0,74622	0,71068	0,67684	0,64461	0,61391	0,61391
7. Barwert des Cash-Flows	849.524 €	825.434 €	802.025 €	779.275 €	757.177 €	735.700 €	714.824 €	694.545 €	674.840 €	655.687 €	12.785.888 €

Restwert geschätzter Verkaufserlös: 21.361.000 €
./. Verkaufsnebenkosten: 534.025 €
Nettoverkaufserlös: 20.826.975 €

Rohertragsfaktor	37 %
Reinertragsfaktor	63 %
Liegenschaftszinss.	100 %

Rohertragsfaktor	21,15
Reinertragsfaktor	22,76
Liegenschaftszinss.	4,39

Bewirtschaftungskosten: 7 %

Prognose des Marktwerts zum Stichtag

Barwert des Cash-Flows aus Miete: 7.489.031
Barwert des Verkaufserlöses: 12.785.888
Barwert insgesamt: 20.274.919

Prognose des Marktwerts: 20.300.000 €

Abbildung 10: DCF-Beispielrechnung

(Eigene Darstellung, in Anlehnung an Haas 2013)

Bei einer Fläche von 4.000 m², einem Quadratmeterpreis von 20 Euro, sowie einem Diskontierungssatz von 5 Prozent erhält man somit einen fiktiven Marktwert von 20.300.000 Euro zum Stichtag der Bewertung. Auf die Erläuterung aller Einzelheiten der DCF-Methode wird in dieser Arbeit verzichtet, da das Augenmerk auf den alternativen Finanzierungsformen liegt. Meist verfügen die Immobiliengesellschaften, die entsprechende Bewertungen von Objekten durchführen, über komplexe, vorgefertigte Excel-Kalkulationstabellen. Die individuellen Parameter einer Immobilie werden dann immer erneut in die Kalkulation eingegeben und angepasst. Bereits kleinste Änderungen, bspw. am Diskontierungszinssatz, führen aufgrund des langen Planungszeitraumes zu großen Auswirkungen im Ergebnis. Daher sollten DCF-Berechnungen nicht als „die" Bewertungsmethode schlechthin angesehen werden, sondern als „eine" von mehreren Methoden, um einen möglichst verlässlichen Wert für ein Investitionsobjekt zu ermitteln. Im Vergleich zum bspw. statischen Ertragswertverfahren ist das DCF-Verfahren ein dynamisches. Damit ist eine Erweiterung der Rechnung um beliebig viele Einflussfaktoren möglich. Dadurch wird dem Investor eine erhöhte Transparenz suggeriert (vgl. Erndt/Metzner, S. 68).

Es darf also nicht außer Acht gelassen werden, dass das DCF-Verfahren von der Exaktheit der Kostensätze lebt und dabei alle denkbaren Unsicherheiten und Risiken im Zinssatz abgebildet werden müssen (vgl. Keber 2008, S. 27–28). Kleinste Änderungen des Diskontierungszinssatzes führen zu großen Ergebnisschwankungen des Barwertes der Cashflows und somit zu einer möglichen Verzerrung der Ergebnisse.

3.3 Weitere Bewertungseinflüsse

Neben der mathematischen Bestimmung für den Wert einer Immobilie gibt es in der Praxis eine nahezu unendliche Vielzahl an Bewertungseinflüssen, welche oft nur schwer quantifizierbar sind und immer einer subjektiven Betrachtung der einzelnen Investoren unterliegen. Folgende Abbildung 11 in Anlehnung an Erndt/Metzner S. 68ff. soll jedoch der Vollständigkeit halber aufzeigen, was bei der Wertermittlung einer Immobilie eine Rolle spielen kann und gleichzeitig aufzeigen, welche Komplexität mit dem Thema „Wertermittlung bei Immobilien" verbunden ist:

Abbildung 11: Werteinflussfaktoren auf eine Immobilie

(Eigene Darstellung, in Anlehnung an Erndt/Metzer 2006, S. 64ff.)

4 Kriterien der Immobilienfinanzierung

Dieses Kapitel geht vor allem zwei Fragestellungen nach: Welche aktuellen Vorschriften gibt es in Bezug auf die Finanzierung von Immobilen und welche Faktoren führen zu der immer größer werdenden Forderung nach alternativen Finanzierungsformen?

4.1 Aktuelle Vorschriften durch Basel II

Bevor auf die speziellen Regulierungen und Auswirkungen von Basel II auf die Immobilien- wirtschaft eingegangen wird, ist zunächst eine allgemeine Heranführung an Basel II erforder- lich. Die Ausformulierung von Basel II erfolgte im Jahr 2004 und war eine Ablösung der bis dahin geltenden Regularien aus dem Baseler Akkord von 1988 (vgl. Börner/Büschgen 2003, S. 334–335). Die Regelung trat jedoch erst im Januar 2007 durch die EU-Richtlinien 2006/48/EG und 2006/49/EG in Kraft (vgl. Richtlinie des Europäischen Parlaments und des Rates vom 14. Juni 2006). Zur Veranschaulichung des Konzeptes von Basel II dient folgende grafische Darstellung:

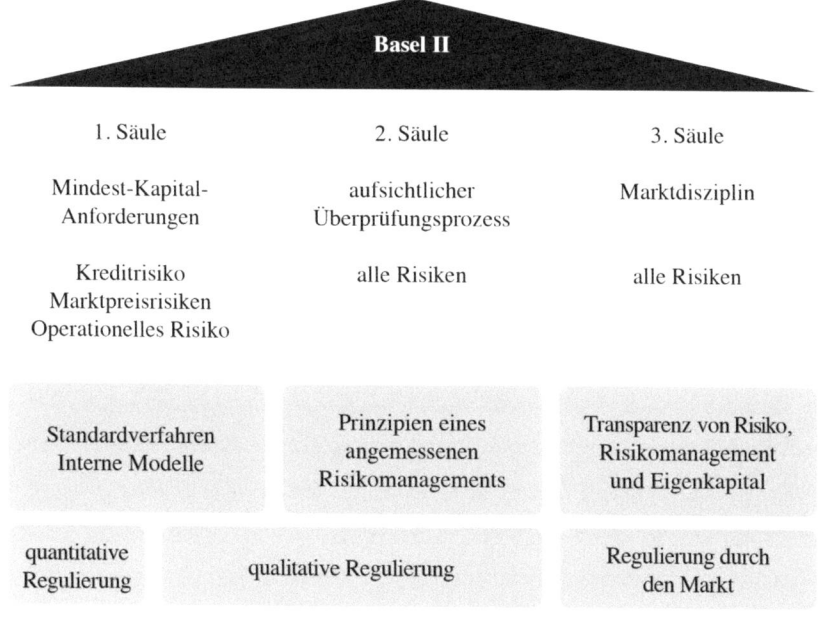

Abbildung 12: Säulen von Basel II

(Eigene Darstellung, in Anlehnung an Börner 2003)

Hierbei ist ersichtlich, dass sich das Konzept von Basel II auf drei Säulen stützt:

Die erste Säule sind die Mindestkapitalanforderungen. Sie hat zum Ziel, das Kreditrisiko, die Marktpreisrisiken und das operationelle Risiko für Kreditinstitute zu reduzieren. Die Problematik der Verordnung von 1988, die im Nachhinein als Basel I bezeichnet wurde, bestand nämlich darin, dass die Eigenkapitalunterlegung bei den kreditgebenden Instituten unabhängig von der Bonität erfolgte und somit Fehlanreize gesetzt wurden, Kredite an Kreditnehmer mit mäßiger Bonität zu vergeben (vgl. Belarbi 2007, S. 28).

Die zweite Säule, auf die sich das Konzept von Basel II stützt, ist der aufsichtliche Überprüfungsprozesses (vgl. Abb. 12). Hierbei soll die Aufsichtsbehörde die Risiken aller Strukturen und Prozesse überwachen, die sich im Tagesgeschäft eines Kreditinstitutes ergeben. Problematisch ist jedoch, dass keine allgemeingültige Standardisierung für diese Überwachung ausformuliert ist, sondern lediglich allgemein formulierte Prinzipien vorliegen (vgl. Börner 2003).

Bei der dritten Säule geht es um die Marktdisziplin, welche auch als sog. Transparenzvorschrift bezeichnet wird, bei welcher eine erhöhte Transparenzdarstellung gefordert wird, was durch Offenlegung von Informationen über die Eigenkapitalsituation geschehen soll (vgl. Belarbi 2007, S. 29).

Zusammenfassend lässt sich bzgl. des Wechsels von Basel I auf Basel II festhalten, dass die wesentlichen Neuerungen in der Einführung der Ratings sowie der Ausweitung von Möglichkeiten für die Anrechnung von Kreditsicherheiten und der erhöhten Einbeziehung des operationellen Risikos liegen (vgl. Kirchner 2013).

Nachdem das Säulenkonzept von Basel II im Wesentlichen dargestellt wurde, geht es im Folgenden um die Auswirkungen auf die immobilienspezifischen Gegebenheiten.

Generell muss festgehalten werden, dass Banken eine möglichst geringe Eigenkapitalunterlegung für ihre gewährten Kredite anstreben, um mit dem nicht gebundenen Kapital ihrer Geschäftstätigkeit besser nachgehen zu können. Da Immobilien als relativ sichere Anlagen gelten, im Vergleich zu spekulativen Finanztiteln an der Börse, gibt es für Immobiliendarlehen gewisse Ausnahmen bzgl. der Eigenkapitalunterlegung.

Eine Ausnahmebehandlung kann nur für Immobiliendarlehen gelten, die bestimmte Kriterien erfüllen. die im Folgenden beschrieben werden. Die bevorzugte Behandlung zeigt sich in einer 50 Prozent- statt 100 Prozent-Eigenkapitalunterlegung. Für Banken ist eine geringere Eigenkapitalunterlegung erstrebenswert, denn es stellt freies Kapital für weitere Unternehmensaktivitäten dar. Die Gewichtung von 50 Prozent besteht für ein Darlehen bis zu dem niedrigeren Wert, von entweder 50 Prozent des Marktwertes oder 60 Prozent des Beleihungswertes und einer 100 prozentigen Gewichtung für den verbleibenden Darlehensteil (vgl. Basel II 2004, S. 23, Teil 2, II.A.9).

Als Beleihungswert ist hier der Wert zu verstehen, den ein neutraler Gutachter ermittelt. Dieser neutrale Gutachter ist dabei nicht in die Kreditvergabeentscheidung der Bank involviert und wird nicht vom Kreditnehmer beeinflusst. Weiterhin sollen bei der Bewertung nur nachhaltige Mieten berücksichtigt werden und keine spekulativen Elemente in die Wertermittlung einfließen. Daraus ergibt sich, dass der Marktwert tendenziell immer über dem Beleihungswert liegt, da der Marktwert den Wert widerspiegelt, bei welchem Käufer und Verkäufer willens sind, das Geschäft zu tätigen, unter Berücksichtigung individueller Präferenzen (vgl. Kirchner 2013).

Abschließend kann festgehalten werden:

Die Vorschriften durch Basel II zwingen Banken dazu, eine ständige Überprüfung und Kontrolle bei der Kreditvergabe anzuwenden. Es handelt sich folglich um eine Vorschrift, die eine stärkere Auseinandersetzung der Bank mit den Kreditrisiken vorschreibt und eine erhöhte Transparenz sowie Offenlegungspflicht beim Kreditnehmer verlangt (vgl. Kirchner 2013).

4.2 Befürchtete Kreditklemme (Faktoren)

Grundsätzlich werden Immobilienfinanzierungen traditionell von Bankdarlehen dominiert. Kommt es jedoch zu einer Störung dieser Kreditvergabe, aus welchen Gründen auch immer, kann dies dazu führen, dass für manche Kreditnehmer der Zugang zu den Darlehen erschwert oder nahezu verweigert wird. Das bezeichnet man als Kreditklemme (vgl. Radner/Volquarts 2011, S. 1), welche nicht nur den gewerblichen, sondern auch den privaten Sektor betreffen kann.

Im Folgenden geht es nun um diese von vielen befürchtete Kreditklemme, die sich in den nächsten Jahren anbahnen könnte, wenn sie nicht sogar schon eingetreten ist. Nach eingehender Literaturrecherche kristallisieren sich drei Faktoren heraus, die es näher zu erörtern gilt. Grundlage hierfür ist eine Nachfrage- und Anbieterbefragung von Radner/Volquarts aus dem Jahr 2011, die sich mit Finanzierungsalternativen im Immobilienkontext beschäftigte.

4.2.1 Künftige Vorschriften durch Basel III

Wie in Kapitel 4.1 erläutert, sollte durch Basel II eine strengere Regulierung der Bankgeschäfte erfolgen. Alle strikten Regularien konnten jedoch nicht verhindern, dass es 2007 dennoch zu einer Weltwirtschaftskrise kam, obwohl nach der Verfassung von Basel II in 2004 diese Vereinbarungen schon in Kraft getreten waren. Ob man die Krise nun als eine Wirtschafts-, Finanz-, Kapital- oder Schuldenkrise bezeichnen sollte, ist hier nicht von Bedeutung. Festzuhalten ist jedoch folgendes:

In Folge dieser Entwicklungen in der Vergangenheit wurde die Forderung nach noch strikteren Regulierungen, einer besseren Kapitalausstattung und Liquiditätsvorhaltung der Banken immer lauter. Als Konsequenz wurde Basel III beschlossen, ein neues Regulierungspaket, welches die Vorschriften für das vorzuhaltende Eigenkapital bei herauszugebenden Krediten deutlich verschärft (vgl. Bettink 2013, S. 31).

Konkret beinhaltet Basel III die Einführung des Liquidity Coverage Ratio (LCR) und die Net Stable Funding Ratio (NSFR), welche erstmals als international verbindliche Liquiditätsvorschriften angesehen werden können, die den Banken vorschreiben, zukünftig einen erhöhten Bestand an liquiden Vermögenswerten einzubehalten. Resultierend aus diesen Vorschriften wird es zu erhöhten Finanzierungskosten und einer Einschränkung der Fristentransformation kommen (vgl. Bettink 2013, S. 31-32). Bestimmt wird das LCR durch folgende Gleichung (eigene Darstellung, in Anlehnung an Cluse/Leonardt/Neubauer 2013 S. 2):

$$LCR = \frac{Liquide, qualitativ\ hochwertige\ Verm\ddot{o}genswerte}{Netto - Zahlungsausg\ddot{a}nge\ im\ 30 - Tage - Stresszenario} \geq 100\%$$

Es ist also grundsätzlich festzuhalten, dass die Banken in Stress-Szenarien durch Einhaltung des LCR ihre kurzfristige Zahlungsfähigkeit mindestens 30 Tage sicherstellen können (vgl. Brzenk/Cluse/Leonhardt 2010, S. 4).

Inwiefern durch diese Neuerungen die Immobilienfinanzierer besonders betroffen sind, wird im Weiteren genauer erörtert.

Problematisch ist die Einführung dieser neuen Verschuldungsobergrenze (auch Leverage Ratio (LR) genannt), denn das neue LR ist zwar abhängig vom Eigenkapital der Bank, aber unabhängig von der Risikoeinstufung der einzelnen Kredite. Und genau hier trifft es die Pfandbriefbanken am härtesten, da ihre Kredite traditionell risikoarm sind und geringen Eigenkapitalquoten unterliegen (vgl. Bettink 2013, S. 32).

Ebenso als problematisch anzusehen sind, neben den komplexen neuen Regularien von Basel III, weitere Regulierungsmaßnahmen wie z.b. Solvency II, die Bankenabgabe, das Trennbankengesetz, das Restrukturierungsgesetz oder die eventuelle Einführung einer Finanztransaktionssteuer, auf die in dieser Arbeit nicht näher eingegangen werden kann (vgl. BaFin 2013).

Durch die ab 2014 schrittweise in Kraft tretenden Regelungen von Basel III, erhalten die Banken neben den beschriebenen Problematiken und Vorschriften zunehmend Konkurrenz. Versicherungen begeben sich immer mehr auf den Markt der Immobilienfinanzierung, auf der Suche nach gewinnbringenden Anlagemöglichkeiten. Durch Solvency II ist es für die Versicherer rentabler, den Bau von Immobilien selbst zu finanzieren, statt Objekte für ihre Portfolios zu kaufen. Aufgrund der Vorschrift über sichere Geldanlagen der Versicherung fällt ihr Hauptaugenmerk auf Core-Objekte, was zu einem erhöhten Wettbewerbsdruck bei den Banken führt (vgl. Bettink 2013, S. 33). Wie genau jedoch das Angebot und die Nachfrage nach Core-Objekten zu einer möglichen Kreditklemme bzw. Finanzierungslücke führen kann, soll im nachfolgenden Kapitel 4.2.2 näher erörtert werden, wie auch eine Definition der einzelnen Klasseneinteilungen (Core, Core-Plus, Value Added, Opportunistisch).

Am deutlichsten lässt sich dieser zu beobachtende Wandel durch das aktuelle Trendbarometer des Immobilien-Investmentmarkts in Deutschland belegen, jährlich herausgegeben von Ernst & Young, welche im November 2012 mehr als 250 Marktteilnehmer befragt haben, wobei rund 120 der wichtigsten Investoren für Immobilien geantwortet haben, die in den vergangen Jahren am Immobilienmarkt aktiv waren (Fründ/Schulz-Wulkow/von Drygalski 2013, S. 9). Auf die Frage „Stimmen Sie folgender Aussage zu? Basel III lässt Immobilienfinanzierungen für Banken weniger lukrativ erscheinen und führt künftig zu einer stärkeren Zurückhaltung im Hypothekengeschäft" (Fründ/Schulz-Wulkow/von Drygalski 2013, S.34) ergab sich für Deutschland folgendes Ergebnis:

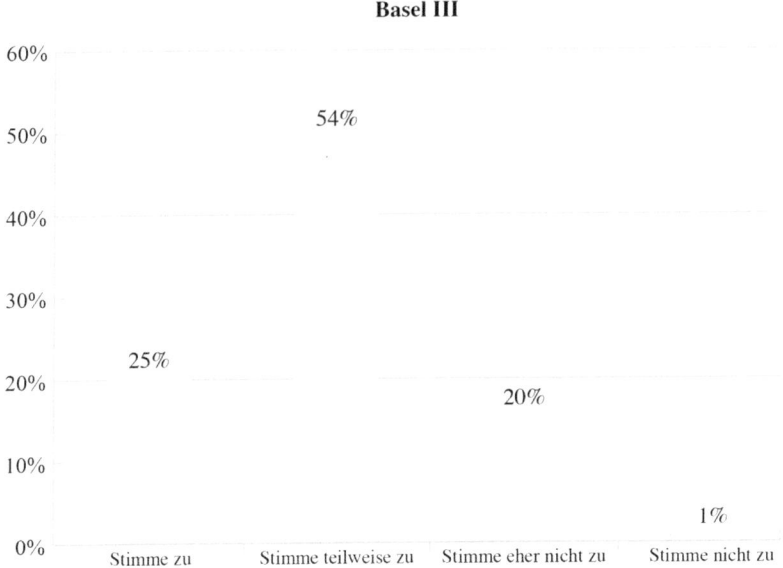

Abbildung 13: Umfrage Ernst&Young über Basel III

(Eigene Darstellung, in Anlehnung an Fründ/Schulz-Wulkow/von Drygalski 2013, S. 34)

Daraus lassen sich nachstehende Kernaussagen ableiten:

1. 79 Prozent der befragten Investoren erachten Basel III als ein Hemmnis für Banken, weitere Immobilienfinanzierungen auszugeben, was zu einer Einschränkung der bankseitigen Immobilienfinanzierung führen kann (vgl. Fründ/Schulz-Wulkow/von Drygalski 2013, S. 34).

2. Unter anderem bedingt durch Solvency II treten Versicherungen verstärkt auch als Finanzierer auf den Markt (vgl. Fründ/Schulz-Wulkow/von Drygalski 2013, S. 34).

Die zweite Frage bezog sich auf Solvency II: „Stimmen Sie folgender Aussage zu? Aufgrund von Solvency II und fehlenden festverzinslichen Anlagealternativen treten Versicherungen und Pensionskassen künftig verstärkt als Fremdkapitalgeber für Immobilieninvestments auf."

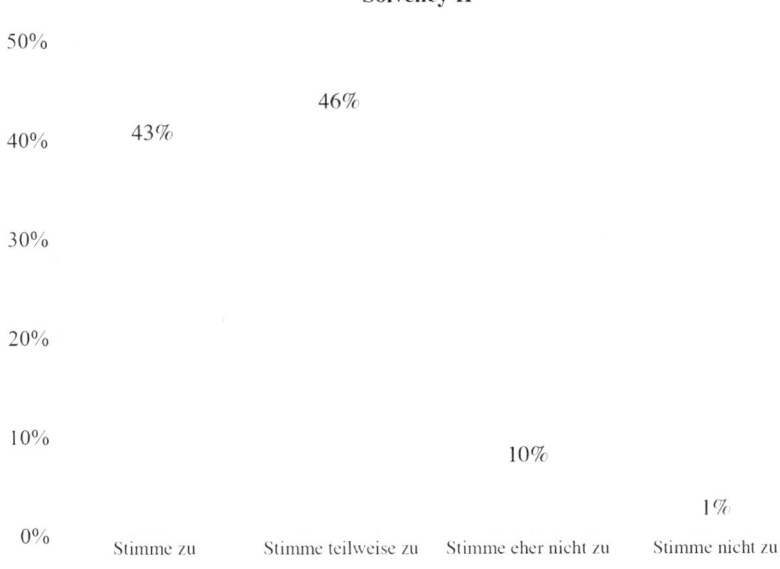

Abbildung 14: Umfrage Ernst&Young über Solvency II

(Eigene Darstellung, in Anlehnung an Fründ/Schulz-Wulkow/von Drygalski 2013, S. 34)

Hier ist folgende Kernaussage festzuhalten: 89 Prozent der befragten Investoren in Deutschland sind der Meinung, dass gerade da, wo die Auswirkungen von Basel II und Solvency II am signifikantesten erscheinen, erwartet wird, dass Versicherungen die Rolle der Darlehnsgeber übernehmen (vgl. Fründ/Schulz-Wulkow/von Drygalski 2013, S. 34).

Untermauern lassen sich diese subjektiven Einschätzungen der Befragten auch durch aktuelle Zahlen aus dem Transaktionsmarkt für Immobilien in Deutschland: Hier waren im 1. Halbjahr 2013 die zweitstärkste Investorengruppe die Pensionskassen und Versicherungen, die ihre Engagements im Vergleich zum Vorjahr um 135 Prozent auf rund 2,1 Mrd. Euro steigerten und somit rund 17 Prozent am gesamten Investitionsvolumen (12,6 Mrd. Euro) auf sich nahmen (vgl. Linsin 2013, S. 2), was auch durch die folgende Abbildung 15 grafisch veranschaulicht werden kann, die zwar nur den Düsseldorfer Investmentmarkt widerspiegelt, jedoch auch grundlegend für die zunehmende Veränderung und Aktualität des Themas am Markt spricht:

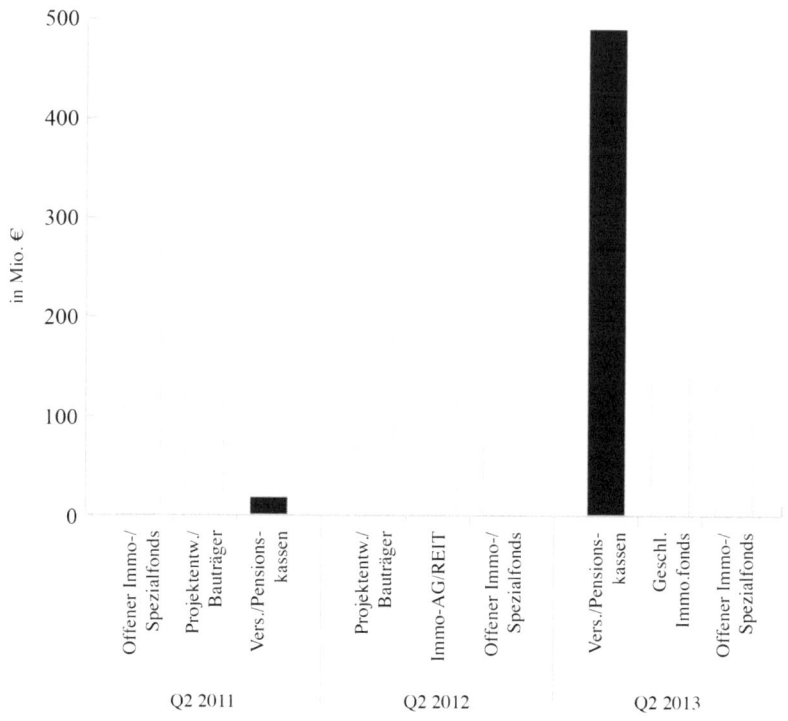

Abbildung 15: Top 3 der Investorentypen im Dreijahresvergleich

(Eigene Darstellung, in Anlehnung an CBRE Research 2013)

Zusammenfassend lässt sich also festhalten, dass allein Basel III mit seinen derzeitigen Vorschriften dazu führen wird, dass Immobilienprojekte nicht mehr so häufig, wie in der Vergangenheit üblich, ausschließlich durch eine einzige Hand finanziert werden können, sondern aufgrund der erschwerten Refinanzierungsmöglichkeiten, gerade seitens der Banken, nur noch Kredite mit einem niedrigen Loan-To-Value (LTV) unter Berücksichtigung der strengeren Kriterien nach Basel III angeboten werden können (vgl. Bettink 2013, S. 33).

Dies ist nur ein Faktor, der zu einer Finanzierungslücke führen kann und den Ruf nach alternativen Finanzierungsformen (vgl. Kapitel 5 dieser Arbeit) immer größer werden lässt. Ein weiterer Faktor soll im folgenden Kapitel 4.2.2 genauer dargestellt werden.

4.2.2 Angebot & Nachfrage nach Core-Objekten

Generell lassen sich die Investitionen in Immobilien in vier grundlegende Anlagen klassifizieren: Core, Core-Plus, Value-Added und Opportunistisch (vgl. Leichnitz 2008, S. 222).

Die Core-Klasse vertritt hierbei den konservativsten Anlagestil. Sie umfasst Immobilien in sehr guten Lagen mit längerfristigen Mietverträgen, die in der Absicht gekauft werden, längerfristig im Portfolio gehalten zu werden und stabile Cashflows zu generieren. Das Risiko ist bei dieser Anlageform sehr gering, was Versicherungen und Pensionskassen anspricht, die eher risikoarme Investments suchen (vgl. Leichnitz 2008, S. 222).

Die Core-Plus-Klasse stellt die etwas risikoreichere Anlageform dar. Hierbei findet das Chancen-Risiko-Profil der jeweiligen Immobilie größere Beachtung, d.h. es handelt sich idealerweise um Immobilien mit erhöhtem Leerstand oder ungenutzten Baurechten, welche den Investoren die Chance für weitere Wertsteigerungen bieten, bspw. durch Abschlüsse neuer Mietverträge (vgl. Leichnitz 2008, S. 222).

Der Übergang von Core-Plus zu Value-Added verläuft wie bei den anderen Übergängen relativ fließend. Je höher das Wertsteigerungspotential der jeweiligen Immobilie ist, desto eher befindet man sich in der Value-Added-Klasse, welche sich entsprechend durch eine höhere Rendite, aber auch durch ein erhöhtes Risiko auszeichnet, wenn bspw. nach Kauf die Mietverträge nicht so abgeschlossen werden können, wie erhofft und geplant (vgl. Leichnitz 2008, S. 222).

Die opportunistischen Investments stellen die Klasse mit dem höchsten Rendite-Potential, aber auch dem höchsten Risiko dar. Im Vordergrund steht hier das Wertsteigerungspotential der jeweiligen Immobilie nach einer kurzen Haltedauer. Tendenziell sind hier Projektentwicklungen für Neubauten zu nennen, die mit einer hohen Renditeforderung seitens der Investoren einhergehen. Gerade in dieser Klasse wird typischerweise mit einem hohen Fremdkapitaleinsatz finanziert, um den hohen Eigenkapitalrenditeforderungen der Investoren gerecht zu werden (vgl. Leichnitz 2008, S. 222).

Abbildung 16 erlaubt einen Überblick über die idealtypische Klasseneinteilung der verschiedenen Anlagemöglichkeiten im Rendite/Risiko-Profil:

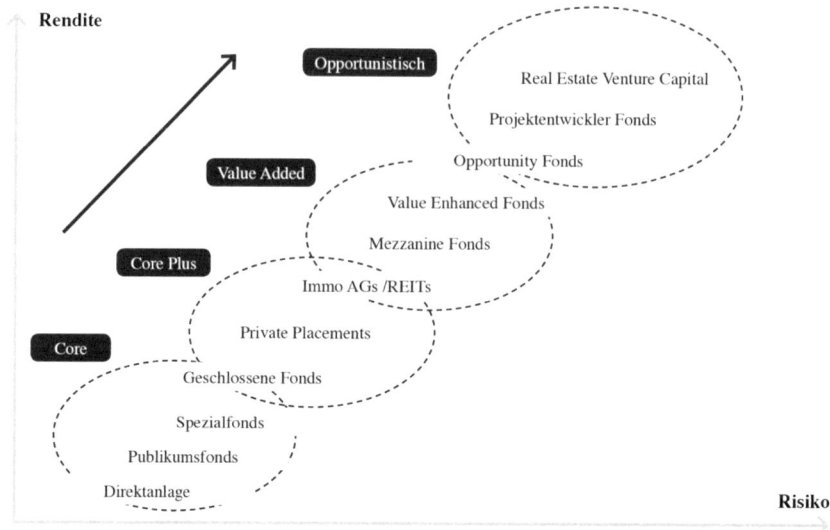

Abbildung 16: Rendite/Risikostruktur der Immobilienanlagen

(Eigene Darstellung, in Anlehnung an Bierbaum 2008, S. 223)

Um die Verbindung zu der befürchteten Kreditklemme zu erkennen, muss man sich folgende Punkte vergegenwärtigen: Das Angebot an Core- und auch Core-Plus-Immobilien in Deutschland ist stark begrenzt und die Nachfrage nach sicheren Investments steigt stetig. Die Folge ist ein größeres Umschwenken der Investoren über Core-Plus auf Value-Added-Immobilien. Dies belegt auch die Auswertung des Investment Intentions Survey des europäischen Fondsverbands INREV (European Association for Investors in Non-Listed Real Estate Vehicles): Das Hauptaugenmerk der befragten Investoren liegt nach wie vor noch auf Core-Immobilien mit 50 Prozent, aber die Zustimmung für Value-Add-Immobilien ist stark auf 43 Prozent gestiegen, von lediglich 22 Prozent im Vorjahr (vgl. Leykam 2013). Zurückzuführen ist diese starke Fokussierung auf die Value-Add-Klasse auf eine Suche nach höheren Renditen, aufgrund der steigenden Kapitalkosten oder auch geringeren Kreditvergabe u.a. durch Basel III. Daraus ergibt sich, dass Investoren risikoreichere Objekte in Betracht ziehen, welche aber gerade auch eine veränderte Finanzierungsstruktur erfordern. Und genau hier können alternative Finanzierungsformen in Betracht kommen, die unterstützend bei der Finanzierung der Immobilien mitwirken (vgl. Radner/Volquarts 2011, S. 9).

4.2.3 Bevorstehende Ablösungswelle aus den Boomjahren

Ein weiterer Faktor, der die Bedeutung von alternativen Finanzierungsformen entscheidend beeinflussen könnte, ist die Ablösungswelle der Immobiliendarlehen aus den Boomjahren 2006 und 2007. Einen klaren Beleg dafür, dass es sich bei 2006 und 2007 um Boomjahre gehandelt hat, kann Abbildung 17 liefern, welche die Entwicklung des Transaktionsvolumens auf dem deutschen Immobilien-Investmentmarkt für den Zeitraum 2004 bis 2012 zeigt. Zu berücksichtigen ist, dass es sich hierbei nur um veröffentlichte Transaktionen handelt.

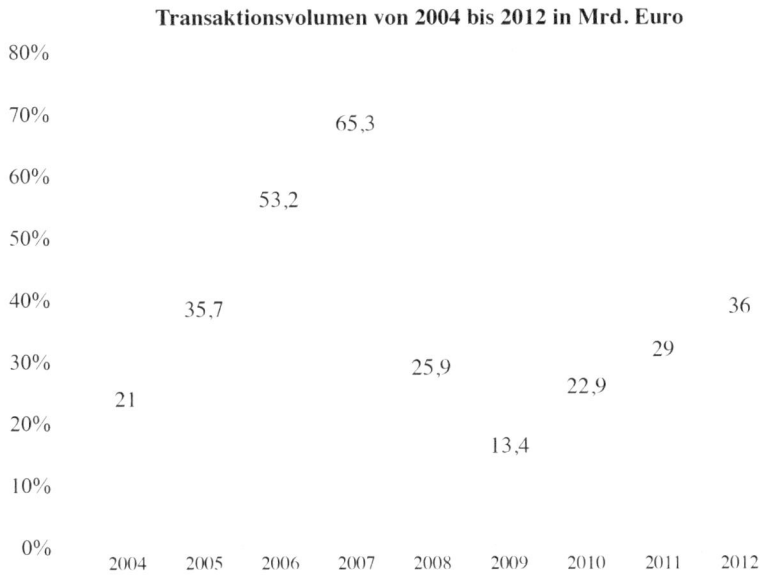

Abbildung 17: Transaktionsvolumina in Mrd. Euro in Deutschland

(Eigene Darstellung, in Anlehnung an Fründ/Schulz-Wulkow/von Drygalski 2013, S.4)

Betrachtet man beispielsweise nur den Teil für Gewerbedarlehen, die in 2007 immerhin ca. 53,3 Mrd. Euro ausmachten, lässt sich festhalten, dass ein Großteil dieser Darlehen bis 2014 auslaufen wird (vgl. Medla/Rehse/Landgraf 2010, S. 14).

Besonders pikant bei diesen Darlehen ist die Tatsache, dass es sich um solche handelt, die ein hohes LTV zu verzeichnen haben: Das Verhältnis von Darlehen zum Wert einer Immobilie war in den Boomjahren extrem hoch, mit teilweise über 95 Prozent. Der Anteil dieser Darlehen mit hohen LTV wurde von CBRE in 2010 auf rund 49 Prozent des gesamten Finanzie-rungsvolumens geschätzt (vgl. Medla/Rehse/Landgraf 2010, S. 14).

Wie in den Kapiteln 4.2.1 und 4.2.2 bereits erläutert, führt diese Ablösungswelle zu einem weiteren Faktor, welcher die befürchtete Kreditklemme am Immobilienfinanzierungsmarkt weiter verstärken könnte.

Daher ist es auch wenig überraschend, dass in einer aktuellen KMPG-Umfrage unter Immobi-lienexperten zu den Erwartungen für 2013 herauskam, dass nur 26 Prozent der befragten Ex-perten davon ausgehen, dass es zu Verhandlungen über Fristenverlängerungen der bestehen-den Darlehen kommen wird (vgl. KPMG 2013).

Weiterhin wurde festgestellt, dass die hohen LTV's aus den Boomjahren wieder in 2013 ge-senkt werden müssen, da rund 50 Prozent der Befragten davon ausgehen, dass die Banken eine Erhöhung des Eigenkapitals auf Darlehensnehmerseite fordern werden (vgl. KMPG 2013).

Am interessantesten und bedeutendsten für die vorliegende Untersuchung ist jedoch ein wei-teres Ergebnis der Umfrage von KMPG: Nur 12 Prozent der befragten Experten rechnen mit einer problemlosen Refinanzierung ihrer Darlehen (vgl. KMPG 2013).

Genau diese letzten beiden Punkte, die Forderung nach erhöhter Eigenkapitalausstattung der Banken und die kritische Haltung gegenüber den kommenden Anschlussfinanzierungen zur Ablösung der Finanzierungen aus den Boomjahren, verlangen eine gründliche Auseinander-setzung mit der Thematik der alternativen Finanzierungsformen.

Zusammenfassend ist festzuhalten, dass die erwähnten Faktoren in 4.2.1 bis 4.2.2 immer im Zusammenspiel betrachtet werden sollten, da sie Wechselwirkungen haben. Die bevorstehen-de Ablösungswelle zwingt die meisten Immobiliengesellschaften zur erneuten Kreditaufnah-me. Diese wiederum wird erschwert, da die Banken aufgrund von Basel III eine erhöhte Ei-genkapitalunterlegung aufweisen müssen. Dies wiederum führt zu erhöhten Renditeforderun-gen für neue Kredite und die Flucht von Core-Objekten mit niedrigen Renditen hin zu Value-Add Objekten mit einem einhergehenden erhöhten Risiko. Das Risiko jedoch wollen die In-vestoren sich durch die geforderte Eigenkapitalrentabilität bezahlen lassen (Stichwort IRR), was aber nur durch den Leverage-Effekt erzielbar ist (hohe Fremdkapitalaufnahme, $GKR \geq FKZ$). Dies steht jedoch wieder im Konflikt mit den Forderungen der Darlehensgeber usw.

5 Grundlagen alternativer Finanzierungsformen

In Kapitel 4.2.1 bis 4.2.2 wurde aufgezeigt, welche Faktoren eine intensivere Auseinandersetzung mit alternativen Finanzierungsformen erfordern. In diesem 5. und zentralen Kapitel geht es nun um die konkrete Abwägung bei diesen Alternativen. In Kapitel 5.1 soll zunächst aufgezeigt werden, welche grundsätzlichen Formen der Finanzierung existieren, sprich Eigen-, Fremd-, Mezzanine oder Sonderformen. In Kapitel 5.2 werden die alternativen Finanzierungsformen näher erläutert. Hierbei findet eine Auswahl der bedeutendsten und am häufigsten verbreiteten Formen statt, da eine Erörterung aller Formen den Rahmen dieser Arbeit sprengen würde (in der immobilienspezifischen Finanz-Literatur sind über 20 verschiedene Formen auffindbar, Tendenz steigend).

5.1 Unterscheidung von Finanzierungsinstrumenten

Zunächst wird, für ein besseres Verständnis. eine Trennung in Außen- und Innenfinanzierung vollzogen. Die Außenfinanzierung wird auch als externe Finanzierung bezeichnet, die Innenfinanzierung entsprechend als interne Finanzierung. Bei beiden Formen ist grds. die Mittelherkunft relevant (vgl. Radner/Volquarts 2011, S. 16).

Jean-Paul Thommen teilt die Finanzierungsarten wie folgt auf:

Abbildung 18: Möglichkeiten der Kapitalzufuhr

(Eigene Darstellung, in Anlehnung an Thommen 2008, S. 233)

Da diese Arbeit ausschließlich die immobilienspezifischen Finanzierungsaspekte berücksichtigt, wird die Innenfinanzierung weniger herausgestellt, denn nur die Außenfinanzierung spielt bei Immobilien eine bedeutende Rolle. Generell lässt sich festhalten, dass bei der Außenfinanzierung eine Kapitalzufuhr von außen stattfindet, egal ob Fremd- oder Eigenkapital und unabhängig davon, ob direkt von Banken oder anderen Kreditgebern, oder direkt vom Kapitalmarkt (vgl. Thommen 2008, S. 233).

5.1.1 Eigenkapital

Die in Kapitel 5.1 erwähnten Außenfinanzierungsformen, d.h. die externen Finanzierungsinstrumente, können noch detaillierter untergegliedert werden. Das Eigenkapital wird grundsätzlich klassifiziert durch:

→ unbefristete Mittelbereitstellung
→ Mitspracherechte
→ ggf. Kontrollrechte
→ Partizipation am Unternehmenserfolg
→ höhere Verzinsung des EK ggü. dem FK.

Tabelle 6: Klassifizierung des Eigenkapitals

(Eigene Darstellung, in Anlehnung an vgl. Radner/Volquarts 2011, S. 17)

Von Bedeutung ist auch die Eigenkapitalkonzeption nach §10 KWG. Dieser Paragraph gilt nämlich für Kreditinstitute und Finanzdienstleistungsinstitute, wobei die BaFin im Einzelfall bestimmen kann, dass §10 KWG wegen der Art des betriebenen Geschäfts nicht anzuwenden ist (vgl. §10 KWG).

Der Grund für die Existenz des §10 KWG besteht darin, dass angemessene Eigenmittel die Erfüllung der Verpflichtungen gegenüber den Gläubigern sicherstellen sollen. Abbildung 19 beinhaltet eine Übersicht über die Trennung der Eigenmittel in haftendes Eigenkapital, respektive Kernkapital, Ergänzungskapital und allgemeine Abzugsposten.

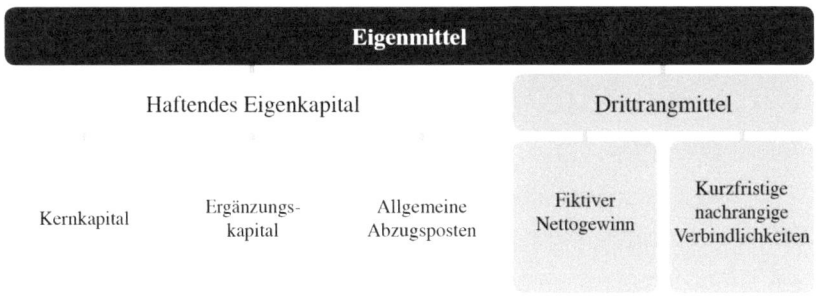

Abbildung 19: Eigenkapitalkonzeption i. S. d. § 10 KWG

(Eigene Darstellung, in Anlehnung an Lück 2013, S. 44)

Da bei der Finanzierung von Immobilien in der Regel hohe Investitionsvolumen benötigt werden, reichen die Eigenmittel eines Investors oftmals nicht aus, um die komplette Immobilie zu erwerben. Die optimale Finanzierung mit Eigenkapital wird in den Kapiteln 5.2 und 6 näher erörtert, da oftmals, selbst wenn genug Eigenkapital vorhanden ist, auf zusätzliches Fremdkapital zurückgegriffen wird, um z.b. die steuerliche Begünstigung von Fremdkapital zu nutzen.

5.1.2 Fremdkapital

Das Fremdkapital wird grundsätzlich klassifiziert durch:

➔ eine befristete Mittelbereitstellung
➔ kaum Mitspracherechte des Fremdkapitalgebers
➔ Anspruch auf Zins und Tilgung, unabhängig vom Erfolg
➔ Vorrang des FK-Gebers ggü. dem EK-Geber bei einer Liquidation
➔ geringere Verzinsung des FK ggü. dem EK.

Tabelle 7: Klassifizierung des Fremdkapitals

(Eigene Darstellung, in Anlehnung an Radner/Volquarts 2011, S. 17)

Da für die Immobilienwirtschaft aber das Mezzanine-Kapital von besonderer Bedeutung ist, soll es bei der oben erläuterten Unterscheidung zwischen Eigen- und Fremdkapital bleiben.

5.1.3 Mezzanine-Kapital

Es existiert keine allgemeingültige Definition für den Begriff „Mezzanine-Kapital" in den Wirtschaftswissenschaften. Grundsätzlich ist aber anzumerken, dass der Begriff „Mezzanine" aus dem italienischen Sprachgebrauch stammt und dort für ein „Zwischengeschoss" zwischen zwei Stockwerken steht (vgl. Werner 2007, S. 21).

Jean-Paul Thommen beispielsweise versteht unter Mezzanine-Finanzierung folgendes:

„Als Mezzanine Finanzierung bezeichnet man Mischformen von Fremd- und Eigenkapital, dabei vor allem Fremdkapitalinstrumente mit Eigen- bzw. Risikokapitalelementen. Neben den klassischen Wandel- und Optionsanleihen (...) sind dies nachrangige Kreditfinanzierungen, die zumindest teilweise risikokapitalartige Verzinsungsmodalitäten und / oder Renditeelemente für Kapitalgeber aufweisen können." (Thommen 2008, S. 436).

Es lässt sich also folgende Grundaussage über das Mezzanine-Kapital treffen: Es stellt eine Zwischenform zwischen EK und FK dar. Wesentlich für Mezzanine-Kapital ist die Nachrangigkeit, d.h. im Falle einer Liquidation oder Insolvenz erfolgt die Rückzahlung nach den FK-Gebern und lediglich vor den Aktionären bzw. EK-Gebern. Für dieses erhöhte Ausfallrisiko erfolgt dementsprechend eine angemessene Entschädigung ggü. dem Investor in Form eines höheren Zinskupons. In welcher Höhe diese Nachrangigkeit oder die entsprechende Entschädigung ausgeprägt ist, wird immer individuell vereinbart und unterschiedlich strukturiert zwischen Kapitalgeber und Kapitalnehmer (vgl. Ermschel/Möbius/Wengert 2013, S. 128).

Interessant ist, wie das Mezzanine-Kapital international klassifiziert wird. Anhand des Grades der Nachrangigkeit werden Tier-1 und Tier-2-Anleihen unterschieden (engl. „tier" = Rang, Stufe). Dabei haben die Tier-1-Anleihen eine größere Nähe zum Eigenkapital als die Tier-2-Anleihen, welche dann noch weiter unterschieden werden in Upper-Tier-2 (z.B. Genussscheine in Deutschland) und Lower-Tier-2, die nicht so nachrangig behandelt werden wie Upper-Tier-2-Anleihen (vgl. Ermschel/Möbius/Wengert 2013, S. 128).

Warum Mezzanine-Kapital gerade bei immobilienwirtschaftlichen Transaktionen wachsende Bedeutung findet, verdeutlicht ein Blick in die Vergangenheit:

Mezzanine-Kapital als Alternative zu EK und FK spielt auf den Risikokapitalmärkten, wie bspw. in den USA oder in Großbritannien, schon seit rund fünfzig Jahren eine gleichwertige Rolle und bildet dort eine eigene Anlageklasse, zunächst nur für institutionelle Anleger, heutzutage jedoch auch für Privatanleger (vgl. Werner 2007, S. 73).

Blickt man nach Deutschland, wurde Mezzanine-Kapital grds. für Buy-Out-Transaktionen genutzt, die durch EK, Mezzanine-Kapital und FK finanziert wurden. Gerade bei Transaktionen von weit über 100 Mio. Euro fand ein Einsatz wie auch eine Verdrängung der bis dato vorherrschenden High Yields Bonds statt. Der Markt für Non-Buy-Out-Mezzanine existierte zwar auch, fand aber weniger Berücksichtigung. Gerade Basel II und das kommende Basel III führen jedoch dazu, dass eine starke Entwicklung auf dem Mezzanine-Markt zu verzeichnen ist und das Spektrum von Produkten und Akteuren stetig wächst (vgl. Werner 2007, S. 73).

Auch beim Mezzanine-Kapital kann wieder eine Brücke geschlagen werden zu der sich ändernden Kreditvergabebereitschaft in Deutschland, was auch zum Thema dieser Arbeit gehört. Schaut man in das „Katastrophenjahr" 2008 in Abbildung 17, sieht man ein Transaktionsvolumen von 13,4 Mrd. Euro. Hier traf die Finanz- und Weltwirtschaftskrise die Immobilienwirtschaft mit voller Intensität. Interessant wird es, wenn man sich den Markt für Mezzanine-Kapital Ende 2008 anschaut. Auch hier zogen sich die Banken mit Mezzanine-Kapital zurück und Versicherungen drangen in diese Lücke vor. In den ersten drei Quartalen 2008 wurden bspw. lt. Hans-Peter Trampe, Vorstand des Kreditvermittlers Dr. Klein, 83 Prozent aller Kredite über Banken vermittelt (vgl. Haimann 2009). Im vierten Quartal 2008 hingegen sank dieser Wert schlagartig auf nur noch 17 Prozent, und die Versicherungen traten zunehmend an die Stelle der Banken, mit 57 Prozent Anteil am gesamten Kreditvolumen (vgl. Haimann 2009).

Die Ende 2008 und Anfang 2009 entstandene Kreditklemme lockte zusätzlich Private Equity Unternehmen an; vorrangig Beteiligungsgesellschaften aus den USA oder Großbritannien wurden am deutschen Markt tätig. Denn Mezzanine-Darlehen werden, wie oben bereits erläutert, dem EK zugerechnet, wodurch eine höhere Renditeforderung zum Tragen kommt. Die Kreditnehmer mussten diese Renditeforderung mit höheren Zinszahlungen ausgleichen. Im Gegenzug jedoch verbesserte sich ihre EKQ, was dazu führte, dass sie wieder Zugriff auf günstige FK-Darlehen bei den Banken bekamen (vgl. Haimann 2009).

Durch die Krise sind viele mittelständische Unternehmen insolvent geworden und viele Kapitalgeber von Mezzanine-Kapital zogen sich vom Markt zurück, weil durch die Insolvenzfälle das Mezzanine-Kapital erst nachrangig bedient wurde und somit meistens zu Totalausfällen bei den Kreditgebern führte. Die Regierungen der Länder reagierten, und führten mit Basel II und III (vgl. Kapitel 4.1 und 4.2.1) immer härte Regularien ein, was Banken zunehmend dazu veranlassen wird, ihre Kreditvergabe im Immobiliensektor weiter zurückzufahren (vgl. Haimann 2009). Dies wiederum öffnet jedoch vermehrt die Tür für neue Finanzierungsmöglichkeiten, wie z.b. REPE oder auch Debt Funds, die immer mehr an Bedeutung gewinnen, und daher im Kapitel 5.2.2 bzw. Kapitel 6 genauere Beachtung finden.

5.1.4 Zusammenfassung der herkömmlichen Finanzierungsformen

Nachdem die Charakteristika und Unterschiede von Eigen-, Fremd- und Mezzanine-Kapital genauer erörtert wurden, soll abschließend in Abbildung 20 aufgezeigt werden, welche Finanzierungsinstrumente klassischer und alternativer Weise unter diese drei Kapitalunterscheidungsformen fallen, gerade auch in Hinblick auf Kapitel 5.2, welches sich weiterführend mit dem zentralen Thema dieser Arbeit beschäftigt, den alternativen Finanzierungsformen für Immobilien in Deutschland.

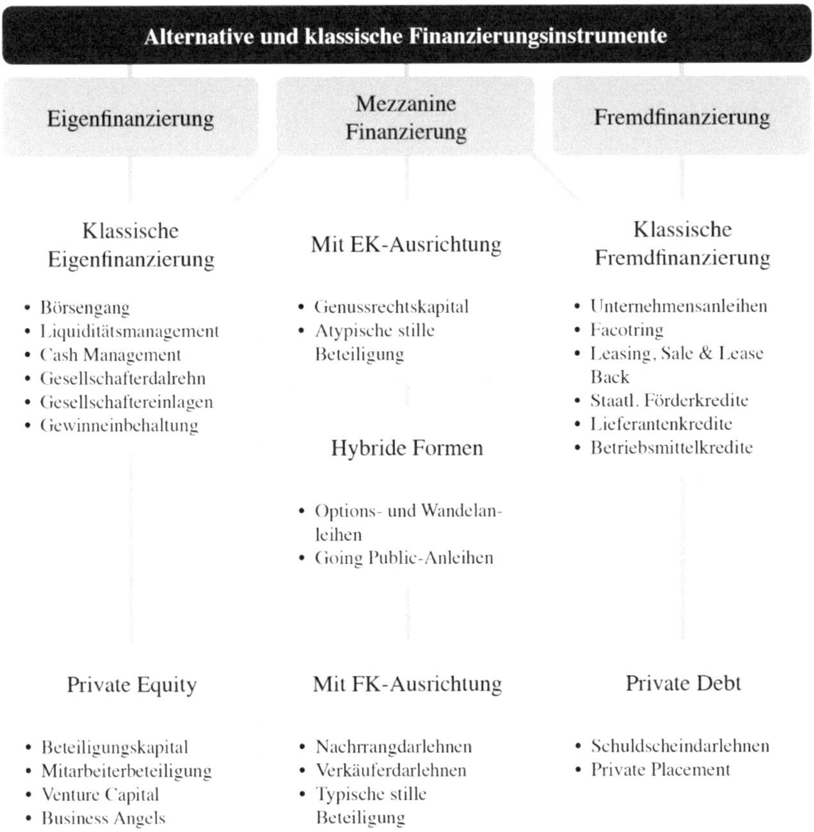

Alternative und klassische Finanzierungsinstrumente		
Eigenfinanzierung	Mezzanine Finanzierung	Fremdfinanzierung

Klassische Eigenfinanzierung	Mit EK-Ausrichtung	Klassische Fremdfinanzierung
• Börsengang • Liquiditätsmanagement • Cash Management • Gesellschafterdalrehn • Gesellschaftereinlagen • Gewinneinbehaltung	• Genussrechtskapital • Atypische stille Beteiligung	• Unternehmensanleihen • Facotring • Leasing, Sale & Lease Back • Staatl. Förderkredite • Lieferantenkredite • Betriebsmittelkredite
	Hybride Formen	
	• Options- und Wandelanleihen • Going Public-Anleihen	
Private Equity	**Mit FK-Ausrichtung**	**Private Debt**
• Beteiligungskapital • Mitarbeiterbeteiligung • Venture Capital • Business Angels	• Nachrrangdarlehen • Verkäuferdarlehen • Typische stille Beteiligung	• Schuldscheindarlehen • Private Placement

Abbildung 20: Alternative und klassische Finanzierungsinstrumente

(Eigene Darstellung, in Anlehnung an Bösl/Sommer 2006, S. 6)

5.2 Auswahl alternativer Immobilien-Finanzierungsformen

Nachfolgend sollen die bedeutendsten und bis zum heutigen Tage am weitesten verbreiteten alternativen Finanzierungsformen erörtert werden. In der Literatur und auch in der Praxis findet sich eine Fülle an Formen, um eine alternative Finanzierung einer Immobilie zu gestalten. Da in dieser Arbeit im Wesentlichen die Kernaspekte herausgestellt werden sollen, werden nachfolgend die wichtigsten Varianten eingehend betrachtet.

In der Umfrage von Radner/Volquarts aus dem Jahre 2011 wurden Nachfrager (Immobilienunternehmen und Immobilieninvestoren) und Anbieter (spezialisierte Bankenabteilungen, Fondsgesellschaften und Beteiligungsgesellschaften) zu alternativen Finanzierungsformen befragt (vgl. Radner/Volquarts 2011, S. 38). Um die Aktualität zu verdeutlichen, sei folgende Frage herausgegriffen: „Wie wird sich die Bedeutung alternativer Finanzierungsformen in den nächsten 12 Monaten voraussichtlich verändern?" (Radner/Volquarts 2011, S. 43). Abbildung 21 fasst das Ergebnis dieser Frage zusammen:

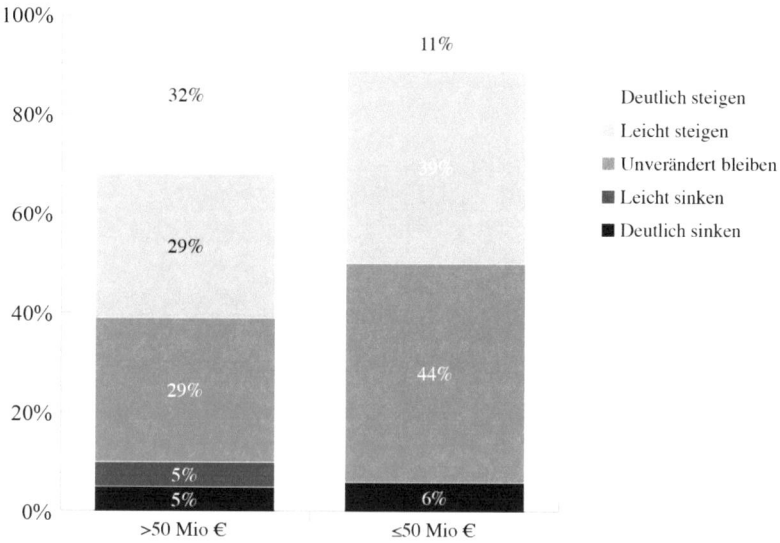

Abbildung 21: Bedeutung alternativer Finanzierungsinstrumente für Neu-Investitionen

(Eigene Darstellung, in Anlehnung an Radner/Volquarts 2011, S. 43)

Interessant sind hierbei zwei Aspekte: Zunächst gibt es eine deutlich unterschiedliche Auffassung darüber, was die Größenklassen angeht. Bei Vorhaben bis 50 Mio. Euro geht nur rund die Hälfte der befragten Immobilienspezialisten davon aus, dass alternative Finanzierungsformen leicht oder deutlich steigen würden. Schaut man sich jedoch die größeren Darlehen an, also die ab 50 Mio. Euro aufwärts, kann man festhalten, dass rund 29 Prozent der Befragten der Meinung sind, die Bedeutung steigt leicht, und sogar 32 Prozent eine deutliche Steigerung prognostizieren (vgl. Abbildung 21). Eine Begründung für diesen Unterschied könnte darin liegen, dass kleinere Darlehen eher unproblematisch von den Banken gewährt werden. Das Kapital an den Kapitalmärkten ist durch die Krisen nicht weniger geworden, sondern wird lediglich vorsichtiger vergeben, auch aufgrund strengerer Regularien. Folglich ist die Finanzierung einer Immobilie von unter 50 Millionen weniger schwierig durchzuführen, als ein Projekt mit einem deutlich höheren Volumen.

Der zweite, interessantere Aspekt ist die Tatsache, dass rund 90 Prozent, also fast alle Befragten, sagen, dass die Bedeutung alternativer Finanzierungsformen mindestens unverändert bleiben, wenn nicht sogar leicht oder deutlich steigen wird (vgl. Abbildung 21). Dieses Ergebnis implizierte in der Umfrage folgende Frage: „Haben Sie in den letzten 12 Monaten alternative Finanzierungsformen eingesetzt bzw. gesucht?" (Radner/Volquarts 2011, S. 42). Nach der Auswertung ergibt sich folgende Darstellung in Abbildung 22:

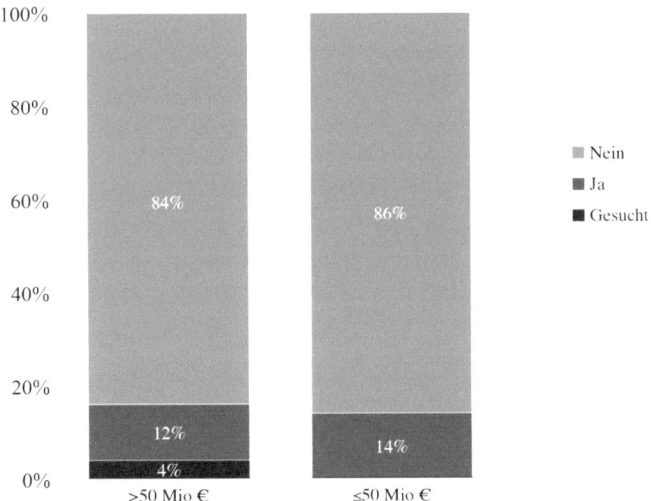

Abbildung 22: Einsatz und Suche nach alternativen Finanzierungsinstrumenten

(Eigene Darstellung, in Anlehnung an Radner/Volquarts 2011, S. 42)

Es wird ersichtlich, das 84 Prozent der befragten Immobilienunternehmen die alternativen Finanzierungsformen weder gesucht, noch eingesetzt haben (vgl. Abbildung 22), obwohl rund 90 Prozent (vgl. Abbildung 21) antworteten, dass alternative Finanzierungsformen eine immer bedeutendere Rolle bei Immobilienfinanzierungen spielen werden.

Es stellt sich folglich die Frage, wieso einerseits den alternativen Finanzierungsformen eine wachsende Bedeutung prognostiziert wird, sie aber auf der anderen Seite fast oder überhaupt nicht zum Einsatz kommen.

Eine Erklärung dieses Auseinanderklaffens könnte die Frage nach den Faktoren bieten, die sich auf die alternativen Finanzierungsformen negativ auswirken: „Welche Faktoren wirken sich negativ auf die Entwicklung von alternativen Finanzierungsformen bzw. deren Relevanz aus?" (Radner/Volquarts 2011, S. 43):

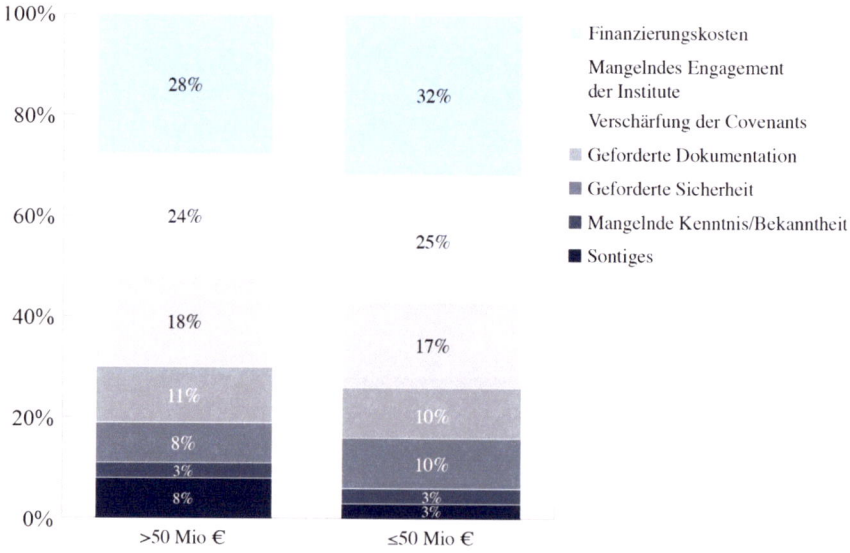

Abbildung 23: Negative Einflussfaktoren auf alternative Finanzierungsformen

(Eigene Darstellung, in Anlehnung an Radner/Volquarts 2011, S. 43)

Diese von Radner und Volquarts ermittelten negativen Einflussfaktoren spielen eine entscheidende Rolle bei der kompletten Thematik der alternativen Finanzierungsformen. Rund ein Drittel der befragten Immobilienunternehmen gab an, dass die zu hohen Finanzierungskosten ein zentraler Grund seien, warum keine alternativen Formen eingesetzt wurden. Genau hier kann die Verbindung zu Kapitel 4.2 bzw. 4.2.1 dieser Arbeit, künftige Vorschriften durch Basel III, gezogen werden. Wie dort bereits erörtert, kommt es zu strikteren Vorschriften, die zu einer strengeren Beachtung der verlangten Dokumentation, geforderten Sicherheiten und einer Verschärfung der Covenants führen. Addiert man diese drei Aspekte, kommt man auf 37 Prozent an Hindernisfaktoren, die sich u. a. auf Basel III zurückführen lassen. Infolgedessen erhöhen sich, neben der in Kapitel 4.2.2 erläuterten Nachfrageveränderung nach Core-Objekten, die Finanzierungskosten, welche gemäß Abbildung 23 ebenfalls 28 bzw. 32 Prozent ausmachen. Hinzu kommt noch als deutlicher negativer Einflussfaktor das mangelnde Engagement der Finanzinstitute wie bspw. Banken oder Spezialinvestoren (vgl. Radner/Volquarts 2011, S. 42).

Nachdem die grundsätzliche Signifikanz und auch die Problematik dargestellt wurden, wird in den folgenden Kapiteln darauf eingegangen, welche Formen alternativer Finanzierungen in Deutschland besondere Bedeutung erlangen.

5.2.1 Eigenfinanzierungsinstrumente

Als bedeutsamste Eigenfinanzierungsinstrumente werden im Folgenden das Joint-Venture-Capital und das Real Estate Private Equity genauer erörtert.

5.2.1.1 Joint-Venture-Finanzierungen

Grundsätzlich lassen sich Joint-Venture-Finanzierungen sowie das REPE zur Kategorie der Eigenfinanzierungsinstrumente zählen (vgl. Kapitel 5.1).

Das Venture Capital stellt dabei eine Finanzierungsform mit hohem Risiko dar, welches jedoch durch die Erzielung einer hohen Rendite ausgeglichen werden soll. Prinzipiell hält diese Form der Finanzierung Einzug bei Projektfinanzierungen (vgl. Erndt/Metzer 2006, S. 214).

Eine Joint-Venture-Finanzierung (JVF) liegt dann vor, wenn sich die Bank, welche ein Darlehen vergibt, auch direkt mit EK an einem Investitionsprojekt beteiligt (vgl. Radner/Volquarts 2011, S. 18). Gewöhnlich wird hierbei ein Joint Venture gegründet, was als Zweckgesellschaft oder auch Special Purpose Vehicle (SPV) bezeichnet werden kann. Dabei fungiert diese SPV als eigenständiges Wirtschaftssubjekt am Markt. Der entscheidende Punkt bei einem JV ist, dass sich vor Beginn des Projektes nur schwer Annahmen treffen lassen über die genauen Gesamtkosten, Renditen oder auch den zeitlichen Planungshorizont (siehe Flughafendesaster in Berlin). Daher wird versucht, durch diverse Szenarien und DCF-Berechnungen (vgl. Kapitel 3.2) vom Developer gewisse Annahmen über künftige Einnahmen und Ausgaben wie auch Chancen und Risiken zu erhalten, die dann von der Bank plausibilisiert werden (vgl. Cohausz 2013, S. 3).

Der Investor und die Bank sind folglich JV-Partner und holen i. d. R. weitere Partner mit an Bord, wie bspw. Bauunternehmen. Der Grund für die Bildung solcher SPV's ist relativ simpel, da auf den Seiten der JV-Partner jeweils Vorteile generiert werden: Die Vorteile der kreditgebenden Bank liegen in einer erhöhten Transparenz und einer Minimierung des Risikos aufgrund einer risikoadäquaten Verzinsung aus dem Risikoprojekt. Projektentwickler haben traditionell viel Knowhow, aber wenig EK und erhalten mit der Bank einen adäquaten EK-Partner (vgl. Radner/Volquarts 2011, S. 18).

Da JVF mittlerweile in der Immobilienbranche gängige Praxis sind, muss im Weiteren nicht detaillierter auf diese Form der Immobilienfinanzierung eingegangen werden. Festzuhalten ist jedoch, dass JV in der Projektfinanzierung bei großen Bauprojekten eine signifikante Bedeutung haben, in der traditionellen Finanzierung von bereits realisierten Projekten jedoch eher geringen Zuspruch finden, da nicht so ein hohes Rendite-Risiko Verhältnis eingegangen werden muss (vgl. Abbildung 16). Teilt man diese Finanzierungsform ein in die dargestellten vier Klassen, befindet man sich in der Opportunistischen Anlagemöglichkeit mit dem höchsten Risiko, aber auch der höchstmöglichen Rendite (vgl. Abbildung 16).

5.2.1.2 Real Estate Private Equity

Wie die JV-Finanzierungen gehört auch das Real Estate Private Equity (REPE) in die Kategorie der Eigenfinanzierungsinstrumente (vgl. Kapitel 5.1), das Im Folgenden eingehend erörtert wird, da es in der Immobilienwirtschaft zunehmend an Bedeutung gewinnt. Das belegen auch die Antworten der Immobilienspezialisten auf die Frage „Welche alternativen Finanzierungsinstrumente werden in Deutschland in den nächsten 12 Monaten besonders an Bedeutung gewinnen?" (Radner/Volquarts 2011, S.48). Die Studie von Radner/Volquarts verdeutlicht dies in Abbildung 24 wie folgt:

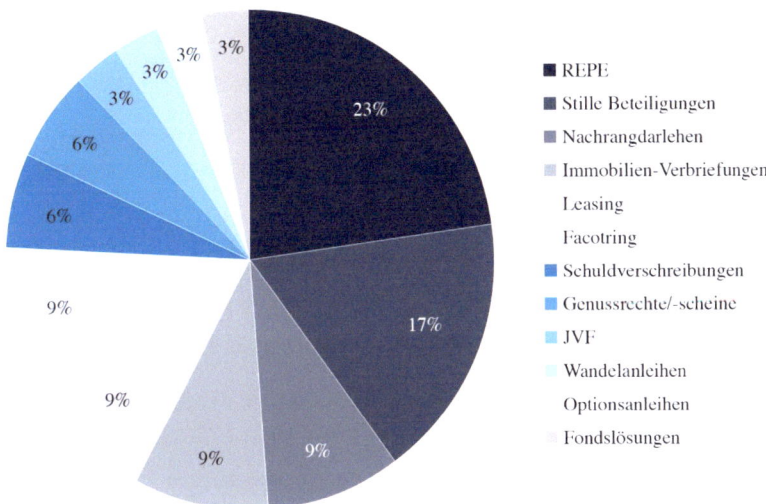

Legend:
- REPE
- Stille Beteiligungen
- Nachrangdarlehen
- Immobilien-Verbriefungen
- Leasing
- Facotring
- Schuldverschreibungen
- Genussrechte/-scheine
- JVF
- Wandelanleihen
- Optionsanleihen
- Fondslösungen

Abbildung 24: Bedeutungsgewinn von alternativen Finanzierungsformen

(Eigene Darstellung, in Anlehnung an Radner/Volquarts 2011, S. 48)

Ersichtlich wird hierbei, das REPE mit 23 Prozent die bedeutendste alternative Finanzierungsform darstellt. Bereits 2005, noch vor der Finanz- und Weltwirtschaftskrise, wurde von Bräscher an der TU Darmstadt eine empirische Untersuchung über REPE durchgeführt, mit der
Prognose, dass REPE eine immer wichtigere Rolle bei der Immobilienfinanzierung spielen
würde (vgl. Bräscher 2005, S. 1). Die zentralen Ergebnisse der Studie, bei welcher Projektentwickler, Kreditinstitute und Privat Equity Gesellschaften befragt wurden, lauteten:

→ Die Projektentwickler sind skeptisch bzgl. der Finanzierungsform REPE, werden aber
kaum Alternativen sehen, diese bei ihren eigenen Projekten einzusetzen (vgl. Bräscher
2005, S. 1).

→ Die Banken werden zunehmend daran gemessen, in welcher Höhe sie die geforderten
FK-Quoten für ein Projekt bereitstellen können. Je höher diese sind, desto lukrativer
erscheint das Projekt aus Sicht des Entwicklers oder einer Private-Equity-Gesellschaft
(vgl. Bräscher 2005, S. 1).

Zusammenfassend stellte sich heraus, dass bei REPE sog. weiche Faktoren eine bedeutende Rolle spielen, wobei nicht die „Nachkommastelle" ein entscheidender Aspekt ist, sondern eher eine angenehme Arbeitsatmosphäre untereinander, Vertrauen und Erfahrung aus bereits gemeinsam durchgeführten Projekten (vgl. Bräscher 2005, S. 52).

Blickt man in das Jahr 2009, bereits nach der Krise, wird REPE erneut eine signifikante Stellung bei der Immobilienfinanzierung eingeräumt:

„Real Estate Private Equity ist ein äußerst interessantes Anlageinstrument, gerade in Krisenzeiten, und wird sich auch ohne Leverager weiterentwickeln. Es bietet auch in der Eigenmittel getriebenen Version Investoren große Chancen." (Bürgi 2009, S. 41).

Nachdem die Bedeutsamkeit des REPE aufgezeigt wurde, geht es um die Klärung der Frage, was genau unter REPE zu verstehen ist. REPE sind eine Finanzierungsart, bei welcher Beteiligungskapital, das an der Börse nicht handelbar ist, von privaten oder institutionellen Anlegern für die Realisierung großvolumiger Immobilieninvestitionen zur Verfügung gestellt wird (vgl. Bürgi 2009, S. 40). Abbildung 25 zeigt die grundlegenden Charakteristika von REPE:

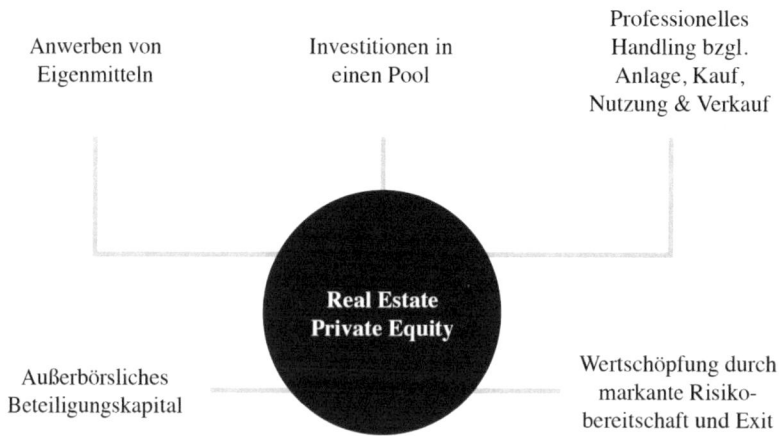

Abbildung 25: Charakteristika von REPE

(Eigene Darstellung, in Anlehnung an Bürgi 2009, S.40-41)

Zusammenfassend ist festzuhalten, dass es sich bei REPE um Beteiligungsfinanzierungen mit extrem hohem Risiko handelt. Ein Großteil der Privat-Equity-Gesellschaften investiert weniger in Core und Core-Plus Anlageklassen (vgl. Kapitel 4.2.2), sondern eher über Fondslösungen, die dann Value-Add-Fonds oder Opportunistic-Fonds bilden (vgl. Radner/Volquarts 2011, S. 19).

5.2.2 Mezzanine-Finanzierungsinstrumente

Nachdem die beiden alternativen Eigenfinanzierungsinstrumente JVF und REPE in 5.2.1 abgehandelt wurden, geht es nun um Mezzanine-Finanzierungsinstrumente. Prinzipiell kann man zu diesen Mischformen mehrere, unterschiedliche Instrumente zählen, wie z.b. Wandel- und Optionsanleihen, Convertible- und Participating Mortages, respektive partiarische Darlehen, stille Beteiligungen, Genussrechte oder -scheine und Nachrangdarlehen (vgl. Radner/Volquarts 2011, S. 19-21).

Im Rahmen dieser Arbeit werden exemplarisch stille Beteiligungen und Nachrangdarlehen näher erläutert, da diesen Formen der Mezzanine-Finanzierung die größte Bedeutung eingeräumt wird (vgl. Abbildung 24).

5.2.2.1 Stille Beteiligungen

Stille Beteiligungen finden keine Normierung im Gesetz; der Begriff entsteht lediglich durch den jeweiligen gesetzeskonformen Vertragsabschluss. Dabei handelt es sich bei der stillen Beteiligung um keinen neuen Sachverhalt, denn der Ursprung dieser Finanzierungsart geht bereits auf das Jahr 1897 zurück, als sie im HGB niedergeschrieben wurde (vgl. Argubi 2013).

Bei dieser Art der zeitlich begrenzten Kapitalüberlassung spricht man auch vom sog. „Vorzugskapital". D.h., man bekommt für die Kapitalüberlassung bevorzugt eine Ertragsrückzahlung (vgl. Argubi 2013). Der Begriff „still" resultiert daraus, dass das vertraglich festgelegte Gesellschafterverhältnis weder im Unternehmen noch öffentlich als solches erkennbar ist. Es wird auch nicht im Handelsregister eingetragen. Der stille Gesellschafter erhält lediglich, je nach Vertragsabsprache, Kontrollrechte, wobei er aber nach außen hin nicht tätig in Erscheinung tritt (vgl. Radner/Volquarts 2011, S. 19).

Ein typischer, stiller Gesellschafter kann wie ein Darlehensgeber angesehen werden, der eine Geldanlage tätigt: Er beteiligt sich mit einem Betrag X an einer Unternehmung, idealtypischer Weise an einem Immobilienfonds, erhält nach einer festgelegten Laufzeit von ca. 4-7 Jahren genau diesen Betrag X zurück, wobei die Zinszahlungen laufend ausgeschüttet werden. In der Praxis findet man solche stillen Beteiligungen oft bei Einzelhandelsmärkten der großen bekannten Ketten (Aldi, Lidl, Edeka, ReWe). Dort existieren längerfristige Mietverträge von i. d. R. 10-15 Jahren (vgl. Argubi 2013).

Die Hauptnachteile dieser Finanzierungsform liegen im Steuerrecht, explizit in der Abgeltungssteuer, da stille Beteiligungen gesetzlich nur bedingt abzugsfähig sind. Des Weiteren sind für viele Investoren die Renditechancen von ca. 5-6 Prozent zu gering (vgl. Argubi 2013), da viele oftmals einem höheren Renditeerzielungsdruck unterliegen.

5.2.2.2 Nachrangdarlehen

Als „Komplementär" zu der sicheren Anlageform der stillen Beteiligung, kann das Nachrangdarlehen angesehen werden. Der Name „Nachrang" verdeutlicht schon, dass es sich hierbei um Darlehen handelt, die im Falle einer Insolvenz nur nachrangig bedient werden, d.h. quasi erst, nachdem alle andern Kapitalgeber bedient worden sind. Charakteristisch für diese Darlehensform ist, dass keine Sicherheiten benötigt oder verlangt werden. Dies schlägt sich entsprechend auch in den Zinsen nieder, die i. d. R. zwischen 9 und 17 Prozent liegen (vgl. Radner/Volquarts 2011, S. 20).

5.2.3 Fremdfinanzierungsinstrumente

Nachdem die Eigenfinanzierungsinstrumente sowie Mezzanine-Formen dargestellt wurden, sollen im Folgenden ebenfalls exemplarisch zwei Fremdfinanzierungsinstrumente aufgezeigt werden.

5.2.3.1 Schuldverschreibungen

Schuldverschreibungen kann man als Fremdkapital ansehen, welches nicht mittels eines Bankdarlehens vergeben, sondern am Kapitalmarkt eingesammelt wird. Dabei wird die komplette benötigte Kreditsumme in mehrere „Teilschuldverschreibungen" gestückelt, die dann am Kapitalmarkt täglich handelbar sind (vgl. Radner/Volquarts 2011, S. 20).

Prinzipiell sind diese Schuldverschreibungen bestimmt durch einen festen Zeitraum und einem festen Zinssatz, dem sogenannten „Coupon". Gerade bei großvolumigen Projekten oder Investitionen finden Schuldverschreibungen eine große Beachtung, da die hohen Volumina nicht von einem Kreditgeber alleine aufgebracht werden können. Bei diesen Schuldverschreibungen handelt es sich nicht um objektbezogene, sondern um unternehmensbezogene Beleihungen (vgl. Radner/Volquarts 2011, S. 20).

5.2.3.2 Hypothekenanleihen

Hypothekenanleihen funktionieren ähnlich, wie die zuvor erwähnten Schuldverschreibungen, mit dem Unterschied, dass diese objektbezogen sind. D.h. die Anleihe wird grundpfandrechtlich besichert, auch als „Covered Bonds" oder „Secured Corporate Bonds" bezeichnet, was nichts anderes als eine gedeckte Schuldverschreibung darstellt (vgl. Werner 2013). Durch diese grundpfandrechtliche Besicherung soll versucht werden, die Renditeansprüche bzw. den geforderten Risikoaufschlag der Kapitalgeber zu verringern.

Trotz Finanzkrise sind Hypothekenanleihen nach wie vor ein beliebtes Finanzierungsinstrument bei den Kreditnehmern und Investoren, es herrscht sogar ein regelrechter Anbieterüberhang (vgl. Linsin/Richolt 2013, S. 2).

5.2.4 Sonderformen der Finanzierungsinstrumente

Nachdem neben den Eigen- und Mezzanine-Finanzierungsinstrumenten auch zwei bedeutende Fremdfinanzierungsinstrumente aufgezeigt wurden, soll das Augenmerk im Folgenden auf die Sonderformen gelenkt werden. Betrachtet man noch einmal Abbildung 24, kann man feststellen, welch großen Anteil diese Sonderformen in der Summe haben.

5.2.4.1 Immobilienverbriefungen

Immobilienverbriefungen, sog. Real Estate Securitisations (RES), funktionieren ähnlich wie die aus der Finanzkrise bekannten Mortage Backed Securites (MBS). Der einzige Unterschied zwischen RES und MBS besteht darin, dass den Besitzern dieser RES-Papiere Primärrechte an den Immobilien eingeräumt werden und nicht Primärrechte an den Darlehen für die Immobilien. Daraus ergeben sich die Cash Flows aus Mieteinnahmen und nicht aus Zins- und Tilgungszahlungen der Kreditnehmer (vgl. Radner/Volquarts 2011, S. 21).

Durch die Finanzkrise ist der Markt für RES und MBS nahezu zum Erliegen gekommen, da von vielen die MBS und die damit verbundenen Kreditausfallversicherungen, die Credit Default Swaps (CDS), unter anderem als Auslöser für die weltweite Finanzkrise angesehen wurden (vgl. Köhler/Weber 2013, S. 14-17).

Das Problem der Jahre 2007 und 2008 bestand nämlich auch darin, dass durch die Verbriefung der Hypothekenkredite in den USA die Risiken auf die Investoren abgewälzt wurden. Es bestand folglich kein großer Anreiz mehr, die tatsächlichen Schuldner auf ausreichende Zahlungsfähigkeit zu überprüfen. Der Grundgedanke der Verbriefung besteht eigentlich darin, die Risiken eines einzelnen Kredits möglichst breit zu streuen und dementsprechend für mehr Stabilität im gesamten System zu sorgen (vgl. Köhler/Weber 2013, S. 15).

Wer die Hauptschuld an der Weltfinanzkrise trägt, ob die Hedgefonds, die hypothekenvergebenden Kreditinstitute, die Ratingagenturen, die Käufer der riskanten Papiere oder doch andere, ist nicht Gegenstand dieser Untersuchung. Festzuhalten ist jedoch, dass sich die damals entstandenen Liquiditätsengpässe durch internationale Verflechtungen rasend schnell auf den internationalen Märkten ausbreiteten (vgl. Michler/Thieme 2009, S. 186) und sogar deutsche Institute, wie bspw. die Hypo Real Estate, durch staatliche Hilfen gerettet werden mussten (vgl. Kaiser 2013).

Interessant erscheint jedoch eine Frage im aktuellen Trendbarometer des Immobilien-Investmentmarkts in Deutschland 2013 von Fründ/Schulz-Wulkow/von Drygalski:

Auf die Frage „Welcher der folgenden Aussagen zum deutschen Immobilienkapitalmarkt stimmen Sie für 2013 zu?" (Fründ/Schulz-Wulkow/von Drygalski 2013, S. 14) ergab sich bzgl. der Aussage „Der Verbriefungsmarkt gewinnt im Jahr 2013 wieder an Bedeutung" folgendes Ergebnis:

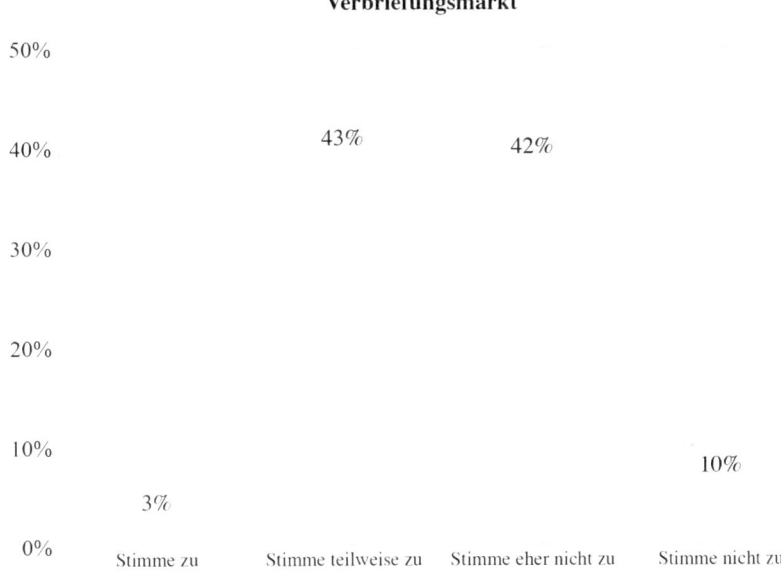

Verbriefungsmarkt

50%

40%   43%   42%

30%

20%

10%   10%

                3%

0%   Stimme zu   Stimme teilweise zu   Stimme eher nicht zu   Stimme nicht zu

Abbildung 26 Umfrage Ernst&Young über Verbriefungsmarkt 2013

(Eigene Darstellung, in Anlehnung Fründ/Schulz-Wulkow/von Drygalski 2013, S. 14)

Vergleicht man dieses Ergebnis über die Prognose für 2013 (46 Prozent positiv) mit dem Ergebnis von 2012 (nur 29 Prozent positiv), kann man von einer erhöhten Wahrscheinlichkeit
sprechen, dass sich der Verbriefungsmarkt nach der Finanzkrise zunehmend erholt hat und
eine Rückkehr zur Normalität immer wahrscheinlicher wird.

5.2.4.2 Leasing und Factoring

Grundsätzlich gibt es keine allgemein gültige Definition für Leasing. Im Allgemeinen wird
jedoch zwischen dem sog. „Operating Leasing" und dem „Financing Leasing" unterschieden.
Der Unterschied zwischen diesen beiden Arten des Leasing kann am einfachsten durch folgende Tabelle 8 veranschaulicht werden, detaillierte Regelungen sind im HGB, IFRS (IAS
17) und US-GAAP (FAS 13) zu finden:

	Operating-Leasing	Finance-Leasing
Fristigkeit	Kurz	mittel bis lang
Kündigung	jederzeit möglich	Während der Grundmietzeit ist keine Kündigung möglich
Risiko der Investition	Liegt bei Leasinggeber	Teilweise bei Leasinggeber
Wartung & Instandhaltung der Immobilie	Erfolgt durch Leasinggeber	Erfolgt durch Leasingnehmer

Tabelle 8: Unterscheidung Operating- und Finance-Leasing

(Eigene Darstellung, in Anlehnung an Gabele/Kroll 1995, S. 5)

Bezieht man sich auf die immobilienspezifische Betrachtungsweise, sollte man sich das Finance-Leasing genauer anschauen, da es sich hier i.d.r. um längerfristige Verträge handelt. Der Leasinggeber überlässt dem Leasingnehmer eine Immobilie zur Nutzung gegen eine periodische Entgeltzahlung, die sog. Leasingrate. Der ganze Vertrag wird auf eine bestimmte Grundmietzeit geschlossen und eignet sich i. d. R. für Finanzierungsinstitute, die ein professionelles und gewerbliches Vermietungsgeschäft betreiben (vgl. Radner/Volquarts 2011, S. 21).

Bezieht man sich auf das Operating-Leasing bei Immobilien, dann kann man von „normalen" Mietverträgen sprechen, die hier nicht weiter relevant sind. Etwas interessanter wird es jedoch, wenn man sich das Finance Leasing im immobilienspezifischen Kontext anschaut. Hierbei stehen die Immobilien beim Leasinggeber in der Bilanz. Daher trägt er auch das Risiko des Investments aufgrund des wirtschaftlichen Eigentums (vgl. Tabelle 8). Nach IFRS muss die Dauer des abgeschlossenen Vertrages mind. 75 Prozent der gesamten Nutzungsdauer ausmachen oder aber der Großteil des Barwertes der Immobilie, mind. 90 Prozent, muss durch die Leasingraten finanziert werden. In diesem Fall, also beim Finance-Leasing, ist der Leasinggeber der Verantwortliche für die Immobilie wie auch verantwortlich für die Kapitalbeschaffung. Abzuwarten bleibt jedoch, wie sich die geplanten Änderungen und Reformen des International Accounting Standards Board (IASB) auf das Immobilienleasing auswirken werden (vgl. Deloitte 2013).

Aufgrund der oben erläuterten Eigentumsverhältnisse, die durch das Leasing bzw. dessen Bilanzierung entstehen, ist diese Form der Finanzierung für gewerbliche Immobilieninvestoren relativ uninteressant (vgl. Roland 2003, S. 35-39).

Interessant ist diese Art der Finanzierung aber für mittelständische Unternehmen, die auf der Suche nach selbstnutzbaren Immobilien sind, und diese auch selbst nutzen wollen. Durch das Immobilienleasing als alternative Finanzierungsform, im Vergleich zum klassischen Bankkredit, und damit entsprechenden Eigentumsrechten an der Immobilie, ergeben sich diverse Vorteile für das jeweilige Unternehmen:

1. Die Bilanz erhält eine positive Korrektur, es ist nicht mehr so viel EK gebunden und dadurch fällt das Rating für weitere Kredite besser aus
2. Wird eine Sale-and-Lease-Back-Transaktion getätigt, wird zusätzliche Liquidität im Unternehmen freigesetzt
3. Steuerliche Optimierung durch eine steuerneutrale Realisierung der stillen Reserven oder auch die Möglichkeit der Einsparung von Gewerbesteuer ist darstellbar

Tabelle 9: Vorteile des Immobilienleasings

(Eigene Darstellung, in Anlehnung an Sparkassen Leasing 2013)

Neben diesen drei Vorteilen lässt sich abschließend anmerken, dass Immobilienleasing gerade für Unternehmen interessant ist, die sich im schnellen Wachstum befinden und gleichzeitig mehrere Immobilien neu bauen müssen. Durch entsprechendes Immobilienleasing statt Kauf, wird das Liquiditätsrisiko reduziert und idealerweise können durch den generierten Cash Flow, der durch die Nutzung der Immobilie entsteht, die Leasingraten für diese Immobilie gedeckt werden (vgl. Ramacher 2011).

Auch das Factoring lässt sich als alternatives Finanzierungsinstrument in die Kategorie der Sonderformen einordnen. Allerdings handelt es sich beim klassischen Factoring nicht direkt um eine Finanzierung im engeren Sinne, sondern lediglich um einen Aktivtausch im Umlaufvermögen in der Bilanz, wobei laufende Forderungen aus Lieferungen und Leistungen an bestimmte Factoring-Gesellschaften verkauft werden. Diese zahlen die ausstehenden Forderungen direkt, dem Unternehmen fließen unmittelbar liquide Mittel zu. Die Factoring-Gesellschaft selbst zahlt jedoch nicht den vollen Betrag der jeweiligen Forderung, sondern i. d. R. 70 bis 90 Prozent, um sich selbst zu finanzieren und Gewinne zu erwirtschaften (vgl. Radner/Volquarts 2011, S. 21). Dafür werden jedoch unterschiedlich strukturierte Leistungen angeboten, bis hin zum „Full Service Factoring", bei dem das komplette Forderungsmanagement inklusive Mahnwesen von der Factoring-Gesellschaft übernommen wird und somit der eigentliche Forderungsinhaber von diesen Aufgaben entlastet wird (vgl. FGM 2013).

Beachtlich sind die hohen Factoring Beträge und Umsatzzahlen in Deutschland. Im Jahr 2012 wurde ein Forderungsankaufsvolumen von über 157 Mrd. vom Verband des deutschen Factoring registriert, was nach der Steigerung in 2011 von 19 Prozent weiter stabilisiert wurde (vgl. DFV 2013).

Aus immobilienspezifischer Sicht spielt Factoring gerade bei Mietausfällen eine signifikante Rolle und findet eine immer stärkere Beachtung, sowohl auf privater als auch auf institutioneller Ebene. Gerade bei Immobilien als Investition ist es von entscheidender Bedeutung, gesicherte Cash Flows zu erhalten, da sonst das ganze Investment-Vehikel ins Wanken geraten kann. Insofern sichern sich gerade Fondsgesellschaften immer häufiger durch Factoring gegen Insolvenzen und Pleiten von gewerblichen Mietern in den Objekten des Fonds ab.

Nachdem in Kapitel 5.2 ausgewählte alternative Finanzierungsinstrumente erörtert wurden, wird im nachfolgenden 6. Kapitel am Beispiel von Debt Funds gezeigt, wie ein innovativer Lösungsansatz vor dem Hintergrund der teils bestehenden, teils zukünftigen, in Kapitel 4.2 erläuterten, Finanzierungsschwierigkeiten, aussehen kann.

6 Mögliche Schließung der Finanzierungslücke durch alternative Finanzierungsinstrumente am Beispiel der Wirkungsweise von Debt Funds

Der Markt für alternative Finanzierungsformen für Immobilien in Deutschland steht noch am Anfang und existiert erst seit wenigen Jahren. Von daher kann man nicht von dieser oder jener „einen" perfekten Finanzierungsalternative sprechen. Die vorangegangenen Kapitel verdeutlichen, dass es eine Vielzahl von Instrumenten gibt, um entweder Neubauprojekte oder Finanzierungs-Ablösungen erfolgreich durchzuführen. Ein zurzeit in der Immobilienwirtschaft medial sehr oft diskutiertes Thema bei der Finanzierung stellen die sog. „Debt Funds" bzw. „Real Estate Debt Funds" dar. Rechtlich betrachtet, handelt es sich bei Debt Funds um Spezialfonds i. S. d. deutschen Rechts. Einer der größten Vorteile der Debt Funds liegt darin, dass sie einerseits weniger regulatorischen Vorschriften unterliegen und andererseits weniger von interner Politik geprägt sind als bspw. die Kreditvergabe bei den Banken (vgl. Schmitz 2013).

Ein weiterer Unterschied ist, dass die Debt Funds mit sog. „Uni-Tranchen" arbeiten. D.h. es gibt keine klassische Aufteilung in nachrangige (Junior Loans) und erstrangige (Senior Loans) Bedienung der Darlehen, die im Insolvenzfall begünstigt bedient werden. Es gibt folglich nur eine Tranche mit einem festen Zins (vgl. Schmitz 2013).

Als vorteilhaft wird auch das LTV angesehen, das bei Debt Funds in der Kreditvergabe selbst nahezu variabel festgelegt werden kann (vgl. Veith 2013). Banken geben aufgrund der oben bereits erläuterten härteren Regularien von Basel III etc. i. d. R. FK-Darlehen bis zu einem LTV von maximal 50 oder 60 Prozent. Debt Funds können deutlich flexibler handeln als Banken und bei entsprechend hoher Verzinsung des Kapitals sogar LTV's mit bis zu 80 oder 90 Prozent zulassen, je nach Besicherung, Verzinsung und Bonität der Kreditnehmer. Diese Flexibilität drückt sich auch bspw. in tilgungsfreien Jahren aus, die ein Debt Fund problemlos gewähren kann, da er den Kredit in den eigenen Büchern stehen hat und dies von Banken i. d. R. nicht gemacht wird (vgl. Schmitz 2013).

Um langfristige Prognosen aussprechen zu können, müssen die unterschiedlichen Parteien, die bei einem Debt Fund zusammen agieren, näher betrachtet werden:

An erster Stelle steht der Investor. Dieser hat typischerweise in der Vergangenheit eine Rendite von 15 bis 20 Prozent mit Private Euqity Fonds erwirtschaftet. Schaut man auf die Renditeversprechungen von Debt Funds, welche bei 10 bis 15 Prozent liegen, bei jedoch niedrigerem

Risiko, erscheint der Debt Fund für den Investor als eine lukrative Alternative zur klassischen Private-Equity-Geldanlage (vgl. Linsin/Richolt 2013, S. 2).

An zweiter Stelle steht der Fondsmanager. Er fungiert quasi als Kreditgeber bei den Debt Funds, jedoch mit einer gewissen Unsicherheit bzgl. dieser neuen Art der Finanzierung, welche ausgeglichen werden muss durch die Beschaffung von entsprechend qualifiziertem Personal. Der Fondsmanager sieht sich bei einem Immobilien-Investment gleich mehreren Problematiken gegenüber: Zunächst einmal gibt es auf dem Kreditmarkt deutliche Schwankungen, was den Basiszins und die Bonitätsmargen angeht, was dazu führt, dass es für den Fondsmanager schwer wird, die versprochenen Renditen einzuhalten. Weiterhin gibt es bei einem klassischen Darlehen eine vertraglich fixierte Tilgung und Rendite, was bei Debt Funds nicht der Fall ist und somit zu einer erhöhten Planungsunsicherheit führt. In der Konsequenz wird eine sehr präzise Prognose der zukünftigen Mietzahlungen und Wertsteigerungen der jeweiligen Immobilie verlangt (vgl. Linsin/Richolt 2013, S. 2).

Auch der dritte in diesem Verbund, der eigentliche Kreditnehmer, , wird mit Problemen konfrontiert. Zunächst ist das noch geringe Angebot von Debt Funds auf dem deutschen Markt zu erwähnen, welches in den kommenden Jahren jedoch voraussichtlich zunehmen wird. Hauptproblem ist die hohe Renditeforderung, was Debt Funds zurzeit eher attraktiv für Asset Klassen mit hohen Gewinnmargen macht, wie bspw. die Projektentwicklungen oder Opportunistische Investments (vgl. Linsin/Richolt 2013, S. 3). Eine weitere Schwierigkeit ist die festgelegte Laufzeit des Fonds. Dieser wird in der Regel 5 bis 7 Jahre aufgelegt, d. h. nach Ende der Laufzeit muss das Darlehen getilgt werden, und eine Verlängerung der Kapitalüberlassung ist ausgeschlossen. Viele Kreditnehmer suchen aber nach Anschlussfinanzierungen für ihre Objekte, gerade wenn diese gute Cash Flows (Mieteinnahmen) generiert haben und voraussichtlich auch in der Zukunft weiteres Wertsteigerungspotential in sich bergen. Dies führt also nach Ende der Laufzeit des Debt Funds erneut zu einer Finanzierungsproblematik für den Kreditnehmer.

Trotz dieser Probleme, sei es auf Investoren-, Fondsmanager- oder Kreditnehmer-Seite, handelt es sich bei Debt Funds um ein alternatives Finanzierungsinstrument für Immobilien mit Zukunft. Dies kann auch durch drei höhervolumige Beispiele der nahen Vergangenheit belegt werden: die Türme der Deutschen Bank in Frankfurt, den Silberturm in Frankfurt und das Centro in Oberhausen (vgl. Flatow 2013, S. 24).

Zur Veranschaulichung der Verstrickung bei einem Investment-Deal dienen die Türme der Deutschen Bank. Nachdem die Deutsche Bank im Jahre 2007 die Objekte für 275 Mio. Euro erworben hatte, wurden sie bis 2010 für rund 200 Mio. Euro komplett saniert. Obwohl die Deutsche Bank selbst Mieter in den Türmen ist, erwog sie 2011 den Verkauf der beiden Türme an den geschlossenen Immobilienfonds der DWS. Der Verkaufspreis soll bei ca. 600 Mio. Euro gelegen haben (vgl. M&A Review 2011). In Zuge dieser Transaktion schloss die Deutsche Bank einen sehr langfristigen Mietvertrag ab. Die DWS ist selbst eine Tochter der Deutschen Bank und bot im Zuge der Transaktion als Debt Fund diese beiden Türme exklusiv vermögenden Deutsche Bank Kunden an, d. h. Privatanlegern, um den Kaufpreis zu finanzieren. Anzumerken ist, dass sich die Türme bis 2007 bereits in einem geschlossenen Fonds der Deutschen Bank befunden haben, von der Deutschen Bank dort heraus gekauft und während der Sanierungsarbeiten als Eigentum gehalten wurden (vgl. Deal-Magazin 2011), auch wenn es sich bei der DWS um eine Tochterfirma handelt und es keine klassische Transaktion im engeren Sinne war (Investor, Finanzierung, Käufer, Verkäufer): Dieses Beispiel aus der jüngeren Vergangenheit belegt, dass eine Mehrwertgenerierung möglich durch alternative Finanzierungsinstrumente ist. Sicherlich haben nicht alle Mieter die Bonität einer Deutschen Bank und alle Immobilien die Top A-Lage der beiden Türme in einer Top-Stadt wie Frankfurt. Dennoch verdeutlicht das Beispiel, welche Potentiale alternative Finanzierungsformen bieten, wenn man sich darauf einlässt.

Ein weiteres Indiz für die zunehmende Signifikanz von Debt Funds ist die Projektentwicklung. Diese ist tendenziell im Mittelstand angesiedelt. Eigenkapitalforderungen von den Banken von 40 Prozent oder mehr, werden von mittelständischen Projektentwicklern auf Dauer nicht tragbar sein. Dies ermöglicht Debt Funds Chancen , da die LTV's frei gewählt werden können und, wie oben bereits erläutert, aufgrund der Rechtsform der Spezialfonds nicht den gleichen strengen Regularien wie Banken unterworfen sind (vgl. Tomeczek 2013, S. 22).

Aufgrund dieser oben erwähnten Vor- und Nachteile von Debt Funds, kann man zusammenfassend, in Anlehnung an eine Studie von Deloitte von 2012 (vgl. Deloitte 2012), folgende zentrale Hauptaufgaben der Debt Funds für die Zukunft in Betracht ziehen:

1. Die Bestimmung einer geeigneten Struktur in Abhängigkeit von
    a. der Nationalität der Investoren und Investments,
    b. des gewünschten Level der Regulation,
    c. den ökonomischen Zwängen.

2. Die Umsetzung der Struktur von

    a. der Beschaffung der erforderlichen behördlichen Genehmigungen,

    b. der Errichtung des Fonds und seiner Verwaltungsgesellschaft,

    c. der Optimierung der Besteuerungsstruktur.

3. Die Überwachung der Kredite unter Berücksichtigung von

    a. den Luxemburger Banken-Regularien,

    b. den möglichen Auswirkungen der bestehenden Regularien (Stichwort: FAT-CA, EUSD, etc.).

4. Die Einhaltung der gesetzlichen, buchhalterischen und regulatorischen Verpflichtungen während der kompletten Laufzeit des Fonds (vgl. Deloitte 2012).

Zu beobachten ist jedoch, dass die Literatur und Immobilienfachwelt bei Debt Funds geteilter Meinung sind: Wolfgang Kubatzki bspw. von Feri Euro Rating Services sagt: „Hier ist ein neuer Markt im Entstehen, der gute Chancen hat, dass es sich dabei nicht um einen Hype handelt wie etwa bei REITs." (Wolfgang Kubatzki 2012). Feri beabsichtigt sogar ein Rating der Debt Funds (vgl. Institutional Money 2012). Curth Flatow, geschäftsführender Gesellschafter der Flatow Adisory Partners hingegen spricht davon, dass aufgrund der meist hohen Zinsforderungen nur risikoreichere Transaktionen in C- und D-Lagen realistisch finanzierbar seien oder aber Projektentwicklungen (vgl. Flatow 2013, S. 24).

Die nachfolgende Tabelle 10, in Anlehnung an die European Real Estate Debt Study von IN-REV 2012, soll veranschaulichen, dass quasi alle großen Gesellschaften auf den „Zug der Debt Funds" aufspringen wollen; alleine in 2012 wurden über 20 solcher Fonds neu aufgelegt (vgl. Ebner 2013, S. 13).

Fondsname	Manager	Typ	Kredit-strategie	Zielgröße in Mio. Euro	Regiona-ler Fokus
Commercial Real Estate Senior Fund 1	Axa Real Estate Managers	Geschlossener Fonds	Senior	2.000	D, UK, F
Deka Realkredit Klassik	Deka Immobi-lien Investment	Perpetual (unbefristet)	Super Senior	1.000	D, UK, F, I, USA, CAN
M&G Real Estate Debt Fund	M&G Invest-ments	Geschlossener Fonds	Senior	1.200	D, West-Europa
LaSalle Mezzanine Debt Fund	LaSalle Invest-ment Manage-ment	Geschlossener Fonds	Junior und Mezzanine	1.000	D, UK
AEW Senior Debt Fund	AEW Europe	Geschlossener Fonds	Senior	500	D, UK, F

Tabelle 10: Namenhafte Neuauflegungen von Debt Funds 2012

(Eigene Darstellung, in Anlehnung an INREV (2012): European Real Estate Debt Study)

Tabelle 10 verdeutlicht mehrere Aspekte zugleich: Zunächst wird ersichtlich, dass allen gro-ßen Fondsgesellschaften bzw. Investment Managern die Problematik einer möglichen Kredit-klemme bzw. einer sich auftuenden Finanzierungslücke durch die in Kapitel 4.2 erläuterten Faktoren (Basel III, Ablösungswelle aus den Boomjahren, Nachfrage nach Core-Objekten) bewusst ist und sie dieser durch alternative Finanzierungsformen (in diesem Falle durch Debt

Funds) entgegenwirken wollen. Weiter wird deutlich, dass Debt Funds eine große Flexibilität besitzen, von der regionalen Schwerpunktsetzung und der Zielgröße des Fonds einmal abgesehen. Die Kreditstrategie eines Debt Funds kann ganz unterschiedlich gewählt werden, was folgende Abbildung 27 verdeutlicht:

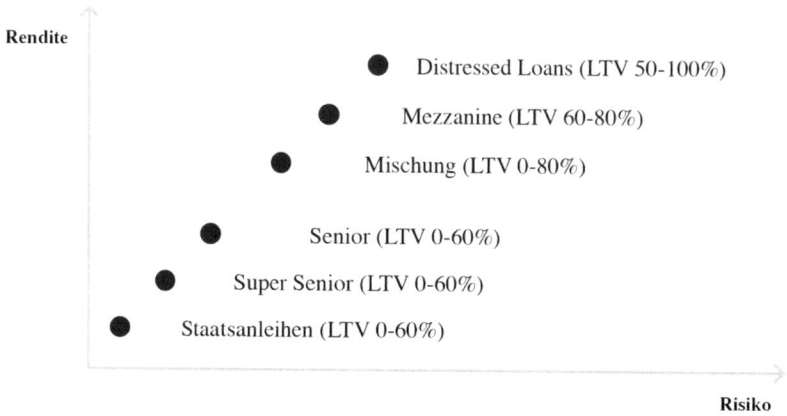

Abbildung 27: Rendite/Risikostruktur der Debt Funds

(Eigene Darstellung, in Anlehnung an Ebner 2013, S. 14 aus INREV 2012)

Je höher das LTV gewählt wird, desto risikoreicher ist die Finanzierung, die der Debt Fund tätigt. Im gleichen Zuge steigt jedoch auch die Renditeerwartung bzw. der Zinsaufwand, der vom Kreditnehmer bezahlt werden muss. Distressed Loans stellen hier das Ende der Reihe dar mit LTV's von bis zu 100 Prozent, d. h. ein Projekt einer Projektentwicklungsgesellschaft würde dabei zu 100 Prozent mit Fremdkapital des Debt Funds finanziert werden. In diesem Falle wäre jedoch die Renditeforderung extrem hoch, da die Projektgesellschaft bei einem Fehlschlag des Bauprojektes nicht selbst beteiligt wäre, sondern allein die Kapitalgeber des Debt Funds erhebliche Verluste hinnehmen müssten.

Thomas Beyerle, Chefanalyst der Immobiliengesellschaft IVG, trifft es mit seiner Aussage über den Markt für Debt Funds passend:

„Der Markt wird gerade erst wach geküsst" (Thomas Beyerle 2013).

Während in den USA die Debt Funds bereits seit mehr als zehn Jahren am Markt für Immobilienfinanzierungen aktiv sind, gelten sie in Deutschland als Novum, was die erste richtige Etablierung in 2012 vergegenwärtigt (vgl. Haimann 2013).

Die Fachwelt der Immobilienwirtschaft ist, wie oben aufgezeigt, geteilter Meinung: Debt Funds haben viele Kritiker, aber auch viele Befürworter. Sicherlich gelten sie nicht als Allheilmittel für die Finanzierung von Immobilien in der Zukunft. Die Kritik, dass z. B. die erhöhten Zinsen eher geeignet sind für Value-Add oder Opportunistische Asset-Klassen, muss ernst genommen werden. Außerdem müssen sich aufgrund ihrer Neuheit auf dem deutschen Markt das Angebot und die Nachfrage noch stabilisieren und finden, da zurzeit noch Unkenntnis vorherrscht. Auf der anderen Seite dürfen die Vorteile jedoch nicht außer Acht gelassen werden, wie bspw. flexible LTV's und weniger regulatorische Vorschriften aufgrund der Rechtsform eines Sonderfonds.

Abschließend lässt sich also feststellen, dass Debt Funds eine neue und alternative Finanzierungsform darstellen. Abbildung 27 verdeutlicht, dass ein Debt Fund sehr individuell ist und sich keine allgemeingültigen Aussagen treffen lassen. Jeder, der für eine Immobilienfinanzierung Fremdkapital benötigt, gleichgültig welche Asset-Klasse (Core, Core-Plus, Value-Add, Opportunistisch) und unabhängig von der Verwendung der Finanzierung (Kauf, Ablösung des bestehenden Darlehens, Neubauprojekt etc.), sollte ein Augenmerk auf die Debt Funds legen. Das obige Beispiel der Deutschen Bank Türme in Frankfurt zeigt, dass Immobilienfinanzierungen immer individuell betrachtet und analysiert werden müssen, um so die passende Finanzierung Erfolg bringend einzusetzen.

7 Fazit

Der Titel der vorliegenden Arbeit lautet „Alternative Formen der Finanzierung von Immobilien in Deutschland" mit dem Untertitel „Ein möglicher Ansatz für die Bewältigung der sich eventuell anbahnenden Finanzierungslücke bzw. Kreditklemme".

Nachdem in Kapitel 1 eine Einleitung bzw. eine Einführung in das Thema und den Aufbau der Arbeit erfolgte, wurden in Kapitel 2 die Formen von Immobilienanlagen in Deutschland erläutert. Um genauer nachvollziehen zu können, welche Komplexität die Bewertungen von Immobilien in Deutschland mit sich bringt, wurden in Kapitel 3 die Grundlagen der Immobilien-Bewertung in Deutschland aufgezeigt. Dabei wurden die verschiedenen Formen des Verkehrswertverfahrens mit fiktiven Beispielrechnungen dargestellt. Ebenso wurde eine Beispielrechnung für das etwas modernere DCF-Verfahren durchgeführt, welches heutzutage bei vielen Immobilienunternehmen Anwendung findet, um schnell und kostengünstig Bewertungen von Immobilien bzw. Investitionsobjekten durchzuführen.

Kapitel 4 beschäftigte sich daraufhin mit den Kriterien der Immobilienfinanzierung und den aktuellen Regularien durch Basel II, welche jedoch bald durch Basel III abgelöst werden sollen. Ebenso wurden in Kapitel 4.2 die drei zentralen Faktoren herausgestellt, weshalb viele Fachleute der Immobilienwirtschaft eine mögliche Kreditklemme in den kommenden Jahren befürchten. Dies sind die strengeren Vorschriften durch das kommende Basel III, die auseinander klaffende Lücke zwischen Angebot und Nachfrage nach Core-Objekten, sowie die bevorstehende Ablösungswelle von vielen Finanzierungen, die aus den Boomjahren der Immobilienwirtschaft 2006 und 2007 resultiert.

Hier sei nochmals betont, dass es schwer ist, einen Faktor alleine verantwortlich zu machen für die Befürchtungen einer Kreditklemme. Eher gilt es in der Betrachtung dieser Faktoren, deren Wechselwirkung zu erkennen. Viele aktuelle Fachartikel in Immobilienzeitschriften oder auch Tageszeitungen berichten von unterschiedlichen Auswirkungen und Problemen, vor denen die Immobilienwirtschaft steht. Betrachtet man diese jedoch genauer, lassen sie sich zurückführen auf die hier herausgearbeiteten Faktoren.

In Kapitel 5 ging es um die Grundlagen alternativer Finanzierungsformen, immer unter Berücksichtigung des immobilienspezifischen Aspekts und der besonderen Sichtweise. In 5.2 erfolgte eine Darstellung von alternativen Finanzierungsformen, aufgeteilt in Eigen-, Mezzanine-, Fremd- und Sonderfinanzierungsinstrumente. Zu jeder Klassifikation wurden zwei Arten genannt. Hier musste eine Selektion stattfinden, da die Literatur eine Vielzahl von alternativen Finanzierungsinstrumenten aufzeigt, diese aber als Sonderformen in der Praxis eine eher untergeordnete Rolle spielen.

In Kapitel 6 wurde schließlich ein sehr aktuelles und stark diskutiertes Thema aufgegriffen, der sog. Debt Fund als alternatives Finanzierungsinstrument. Da Debt Funds erst vergangenes Jahr (2012) in Deutschland auf den Markt gekommen sind, wurde hier vermehrt auf aktuelle Fachartikel in Fachzeitschriften zurückgegriffen. Es wurde aufgezeigt, dass Debt Funds eine Lösung sein können, aber auch mit negativen Faktoren verbunden sind, die nicht außer Acht gelassen werden dürfen und stets berücksichtigt werden müssen.

In diesem 7. und letzten Kapitel der Arbeit geht es darum, ein Fazit zu ziehen und einen möglichen Ausblick für Finanzierungen von Immobilien in den kommenden Jahren zu bieten.

Das Ziel dieser Arbeit war es, die Grundlagen der Immobilienfinanzierung in Deutschland aufzuzeigen. Es wurde herausgestellt, welche Faktoren dabei Einfluss auf eine mögliche Kreditklemme bzw. Finanzierungslücke haben können. Ebenso wurden die wichtigsten alternativen Finanzierungsformen dargelegt. Bei einer kritischen Würdigung dieser Thematik, soll nun abschließend festgehalten werden, dass eine differenzierte Betrachtung unerlässlich ist. Folgt man den Argumenten mancher Kritiker der alternativen Finanzierungsformen, , bspw. Richholt oder Flatow (vgl. Kapitel 6), untermauert deren Thesen noch durch aktuelle Transaktionszahlen (vgl. Abbildung 16), könnte man zu dem Trugschluss gelangen, es gäbe keine Kreditklemme bzw. Finanzierungslücke und es handele sich nur um einen medialen Hype. Wie weit verbreitet jedoch die Bedeutung alternativer Finanzierungsinstrumente für Immobilien in Deutschland ist, zeigen bspw. Radner und Volquarts mit ihrer Befragung unter den Immobilienspezialisten in Deutschland (vgl. Abbildung 21). Beide Sichtweisen müssen für eine abschließende Beurteilung kombiniert werden.

Richtig ist, dass nach den Boomjahren die darauf folgende Krise viele kreditvergebende Banken vom Markt gedrängt hat. Richtig ist auch, dass dadurch eine „gefühlte" Kreditklemme entstanden ist und viel weniger Projekte finanziert wurden. Alternative Finanzierungsformen rückten dadurch mehr und mehr in das Spotlight für Finanzierungen. Das Beispiel der Debt Funds zeigt, obwohl erst 2012 als Spezialfonds am Markt aufgelegt, dass alle großen Kreditgeber, Investment- und Fondsgesellschaften auf diesen Zug aufgesprungen sind.

Daraus lassen sich folgende abschließende Kenntnisse gewinnen: Basel III, die Ablösungswelle aus den Boomjahren und die Nachfrageänderung nach Core-Objekten wird die Finanzierungsmöglichkeiten für Immobilieninvestitionen weiter erschweren. Versicherungen und

Pensionskassen treten immer mehr an die Stelle von Banken und eine generelle Kreditklemme in allen Asset-Klassen wird es nicht geben, sehr wohl aber in einzelnen Randsegmenten. Daher werden alternative Finanzierungsformen immer mehr an Bedeutung gewinnen und es werden sicherlich neue und alternativere Formen auf den Markt kommen. Die zum jetzigen Zeitpunkt noch als „alternative Formen" bezeichneten Alternativen (vgl. Debt Funds, Kapitel 6), werden zum Standard, wie dies bspw. in den USA oder in Großbritannien schon längere Zeit der Fall ist.

Immobilien als Investments sind immer sehr individuelle Kombinationen aus Risiko und Rendite. Daher ist es auch zwingend erforderlich, dass die Finanzierung immer individuell gewählt wird. Alternative Finanzierungsformen können hierbei in der Zukunft nicht mehr umgangen werden. Kreditnehmer dürfen sich nicht allein auf diese neuen Formen verlassen, eine eingehende Auseinandersetzung mit diesen Formen kann aber nur vorteilhaft sein. I. d. R. ist die Finanzierung einer Immobilieninvestition nur ein, wenn auch bedeutender, Faktor von vielen, der über Erfolg oder Misserfolg entscheidet.

Daher lässt sich abschließend die These aufstellen: Gute Objekte in attraktiven Lagen mit einem starken Investor, wurden und werden immer Finanzierungen finden, unabhängig von jeglichen Arten negativer Einflüsse und Faktoren (vgl. Pohl 2013).

Literaturverzeichnis

Argubi, N. (2013): Stille Beteiligungen: Für welchen Anleger sie geeignet sind. Veröffentlicht in Geldanlage, VNR Verlag für die Deutsche Wirtschaft AG. http://www.experto.de/ verbraucher/geldanlage/stille-beteiligungen-koenigsweg-der-geldanlage-oder-risikopapier.html. Aufgerufen 30.09.2013.

BaFin (2013): Bundesanstalt für Finanzdienstleistungsaufsicht: Regelungsvorhaben. http://www.bafin.de/DE/Internationales/Regelungsvorhaben/regelungsvorhaben_node.html Aufgerufen 18.09.2013.

Barig, F. (2011): Definitionen in der Immobilienbewertung. http://www.sachverstaendigen buero-barig.de/html/body_definitionen_der_immobilienbew.html. Aufgerufen 28.08.2013.

Basel II (2004): Baseler Ausschuss für Bankenaufsicht. Internationale Konvergenz der Kapitalmessung und Eigenkapitalanforderungen. Überarbeitete Rahmenvereinbarung. Juni 2004. http://www.bafin.de/SharedDocs/Downloads/DE/Eigenmittel_BA/dl_ueb_040626_rahmenv_ basel2.pdf?__blob=publicationFile&v=5. Aufgerufen 17.09.2013.

Beck, M. (2005): Bewertung von Immobilien. Übersicht unterschiedlicher Wertermittlungsmethoden. In: Praxis Perspektive. Herausgegeben vom Verein für betriebswirtschaftlichen Wissenstransfer e.V. am Fachbereich Betriebswirtschaft – Fachhochschule Würzburg-Schweinfurt Band 7. Verlag BWT. Würzburg, 2005, S. 53–61.

Belarbi, D. (2007): Die Finanzierung von Immobilien bei institutionellen Investoren in Deutschland. Fachhochschule für Wirtschaft Berlin. Berlin, 2007.

Bettink, J. (2013): Auf der Suche nach dem Gleichgewicht. In: Immobilien Manager Ausgabe 9 / 2013. Immobilien Manager Verlag IMV, Köln, 2013.

Bierbaum, D. (2008): So investiert die Welt. Globale Trends in der Vermögensanlage. Verlag Gabler, Wiesbaden 2008.

Börner, C. J. (2003): Treu und redlich? Eine explorative Bewertung qualitativer Bankenregulierung. In: Jahrbuch der Heinrich-Heine-Universität Düsseldorf. Düsseldorf, 2003.

Börner, C. J./Büschgen, H. E. (2003): Bankbetriebslehre. 4. Auflage, Verlag UTB. Stuttgart, 2003.

Börse Frankfurt (2013): REIT- und Immobilien-Indizes. http://www.boerse-frankfurt.de/ de/wissen/indizes/reit+und+immobilien+indizes. Aufgerufen 29.08.2013.

Bösl, K./Sommer, M. (2006): Mezzanine Finanzierung. Betriebswirtschaft - Zivilrecht - Steuerrecht – Bilanzrecht. Verlag Beck C. H, München, 2006, S.6-8.

Bräscher, A. (2005): Real Estate Private Equity (REPE) im Spannungsfeld von Entwickler, Kreditinstitut und Private Equity-Gesellschaft. Ergebnisbericht zur empirischen Untersuchung. In: Andreas Pfnür (Hrsg.), Arbeitspapiere zur immobilienwirtschaftlichen Forschung und Praxis, Band Nr. 2. Darmstadt, 2005.

Brzenk T./Cluse M./Leonhardt, A. (2013): Basel III. Die neuen Baseler Liquiditätsanforderungen. White Paper No. 37. Deloitte Financial Risk Solutions. https://www.deloitte.com/asse ts/Dcom-Germany/Local%20Assets/Documents/15_ERS/2010/WP_37_Baseler_Liquiditaets anforderungen_Update_01102010_final.pdf. Aufgerufen 18.09.2013.

Bürgi, U. (2009): Real Estate Private Equity. In: PRIVATE. Das Geld Magazin. Hrsg. AAA Publications. Ausgabe 2/2009. S.40-41. http://private.ag/media/2009/02/de/040_Real_Estate .pdf. Aufgerufen 26.09.2013.

BVI (2012): Bundesverband Investment und Asset Management e.V.: Investmentfonds. Flexibel und vor Insolvenz geschützt. http://www.bvi.de/uploads/tx_bvibcenter/Investment fonds_Grundlagen.pdf. Aufgerufen 08.09.2013.

CBRE (2013): CBRE Global Research and Consulting: Investmentmarkt Düsseldorf. Q2 2013. Erstellt von Linsin, J./Scholz, A. Juli 2013. Düsseldorf/Frankfurt, 2013.

CertEstate (2013): Leitfaden zur Immobilienbewertung. Teil III: Ertragswertverfahren. http://www.certestate.com/Immobilienbewertung.7.0.html. Aufgerufen 09.09.2013.

Cluse, M./Leonhardt, A./ Neubauer, P. (2013): LCR 2013. Die Überarbeitung der Baseler Liquiditätsanforderungen. White Paper No. 57. Deloitte Financial Risk Solutions. http://www.deloitte.com/assets/Dcom-Germany/Local%20Assets/Documents/09_Finanzdien stleister/2013/FSI_FRS_White_Paper_57_LCR_2013.pdf. Aufgerufen 18.09.2013.

Cohausz, C.-J. (2013): Developer-Finanzierung. Wie sich Risiken beherrschen und Renditen verbessern lassen. In: Heuer Dialog. Dialogpartner für die Immobilienbranche. http://www.heuer-dialog.de/downloads/DeveloperFinanzierung.PDF Aufgerufen 26.09.2013.

Deal-Magazin (2011): Deutsche Bank verkauft Türme an DWS-Fonds. Ausgabe vom 14.03.2011. http://www.finanznachrichten.de/nachrichten-2011-03/19627321-deal-magazin-deutsche-bank-verkauft-tuerme-an-dws-fonds-fuer-rund-600-mio-euro-015.htm. Aufgerufen 08.10.2013.

Del Casino, J. (1995): Portfolio Diversification Considerations. In: Pagliari, J. (Hrsg.): The Handbook of Real Estate Portfolio Management, Chicago 1995, S. 912-966.

Deloitte (2013): Debt funds and loan origination. Nature abhors a vacuum. Luxembourg, 2012. http://www.deloitte.com/assets/Dcom-Luxembourg/Local%20Assets/Documents/DSC/EN/2012/lu_en_dsc_debtfundloanorigination_15112012.pdf. Aufgerufen 07.2013.

Deloitte (2013): IFRS fokussiert. Ausgewählte Anwendungsfragen zur neuen Leasingbilanzierung. IFRS Centre of Excellence, September 2013.

Deter, H./Diegelmann, M./Wiehle, U. (2005): Finanzprodukte für Privatanleger. Verlag: Cometis AG, Wiesbaden, 2005.

Dietrich, F. (2009): Ertragswertverfahren & DCF Verfahren. Immobilienmanagement. Fachhochschule Wiesbaden. Wiesbaden, 2009.

DVF (2013): Deutscher Factoring Verband e.V.: Factoring 2012. Hohes Umsatzniveau stabilisiert. http://www.factoring.de/factoring-aktuell/pm-bz2010. Aufgerufen 01.10.2013.

Ebner, F. (2013): Kreditfonds. Ein möglicher Ausweg aus dem Anlagedilemma. Hrsg.: DekaBank, Frankfurt am Main, 2013.

EG Richtline (2006): 2006/48/EG und 2006/49/EG des europäischen Parlaments und des Rates vom 14. Juni 2006. http://eur-lex.europa.eu/LexUriServ/LexUriServ.do?uri=CONS LEG:2006L0048:20100330:DE:PDF. Aufgerufen: 10.09.2013.

Ermschel, U./Möbius, C./Wengert, H. (2013): Investition und Finanzierung. 3., durchgesehene und korrigierte Auflage. Verlag Springer, Berlin, 2013.

Erndt, A./Metzer, S. (2006): Moderne Instrumente des Immobiliencontrollings: DCF-Bewertung und Kennzahlensysteme im Immobiliencontrolling, Band 1. Studienreihe der Stiftung Kreditwirtschaft. Hrsg. Prof. Dr. Joh. v. Stein. Verlag Wissenschaft und Praxis.

FGM (2013): Finanzierungsgruppe Mittelstand. Liquidität – Cash Flow Management - Factoring. Full Service Factoring. http://fgm-factoring.de/klassisches-factoring/full-service-factoring.html. Aufgerufen 01.10.2013.

Flatow, C. (2009): Alternative Finanzierungsmodelle. Der Kapitalgeber wird zum Gesellschafter. In: Immobilienzeitung, Fachzeitung für Immobilienwirtschaft. Nr. 39-40/09 vom 1.10.2009.

Flawow, C. (2013): „Keine Berechtigung". In: Immobilien Manager: Balance Akt. Die Immobilienfinanzierer versuchen das Gleichgewicht zwischen Risiko und Rentabilität zu wahren. Ausgabe 10 / 2013. Immobilien Manager Verlag IMV, Köln, 2013.

Fröhling, A./Ragotzky, S. (2006): Real Estate Investment Trusts (REITs): alternative Form der Immobilienanlage, Wiesbaden 2006.

Fründ, H./Schulz-Wulkow, C./von Drygalski, P. (2013): Trendbarometer Immobilien Investmentmarkt Deutschland 2013, Januar 2013, herausgegeben von Ernst & Young.

Gabele, E./Kroll, M. (1995): Leasingverträge optimal gestalten – Vertragsformen, Vor- und Nachteile des Leasing. Steuerliche Analyse. 2. Auflage, Verlag Gabler, Wiesbaden, 1995.

Gondring, H.P. (2011): Immobilienwirtschaft. Handbruch für Studium und Praxis, 2. Auflage, Vahlen Verlag, München.

Haas, S. (2013): Discounted Cashflow Verfahren. http://www.die-immobilien-gutachterin.de /teaser/discounted-cashflow-verfahren-verkehrswertgutachten-wertermittlung-immobiliengut achten-immobiliensachverstaendiger-koeln-bergisch-gladbach. Aufgerufen 09.09.2013.

Haimann, R. (2009): Comeback der Mezzanine-Fonds. In: Financial Times Deutschland vom 15.03.2009. http://www.ftd.de/finanzen/immobilien/:immobilien-comeback-der-mezzanine-fonds/486625.html. Aufgerufen 20.09.2013

Haimann, R. (2012): Den Banken machen auch Kreditfonds Konkurrenz. Rubrik Geldanlage. In: Die Welt. Artikel vom 21.12.2012. Hrsg. Axel Springer Verlag. http://www.welt.de/finanzen/geldanlage/article112189513/Den-Banken-machen-auch-Kredit fonds-Konkurrenz.html. Aufgerufen 10.10.2013.

Hübner, B. (2012): Immobilien im Rahmen der Asset Allocation. Hochschule für Ökonomie und Management, 2012.

ImmobilienScout (2013): Discounted-Cash-Flow-Methode. http://www.immobilienscout2 4.de/de/gewerbe/gewerbelexikon/discounted-cash-flow-methode.jsp. Aufgerufen 09.09.2013.

Institutional Money (2012): Real Estate Debt Funds: Mehr Realkredit, bitte! Ausgabe 3 von 2012. http://www.institutional-money.com/magazin/uebersicht/artikel/real-estate-debt-funds-mehr-realkredit-bitte/. Aufgerufen 10.10.2013.

International Accounting Standard 40 (2012): Investment Property. http://ec.europa.eu/ internal_market/ accounting/docs/consolidated/ias40_en.pdf. Aufgerufen 09.09.2013.

Kaiser, R. (2013): Fünfter Jahrestag: Die Rettung der Hypo Real Estate. In: B5 aktuell BR. http://www.br.de/nachrichten/rettung-der-hypo-real-estate-100.html. Aufgerufen 30.09.2013.

Keber, H. (2008): Valuation. Bewertungsverfahren - DCF vs. deutsche Verfahren. In: Institutional Investment Real Estate Magazin. Ausgabe 3/2008, S. 26 – 28.

Kirchner, M. (2013): IAS/IFRS. BASEL II Auswirkungen auf die Immobilienwirtschaft. http://www.matthias-kirchner.de/Glossar_ifrs_ias.html. Aufgerufen 17.09.2013.

Kleiber, W. et al. (2010): Verkehrswertermittlung von Grundstücken. Kommentar und Handbuch zur Ermittlung von Marktwerten (Verkehrswerten), Versicherungs- und Beleihungswerten unter Berücksichtigung der ImmoWertV. Bundesanzeiger Verlag, 6. vollständig neu bearbeitete und erweiterte Auflage, 2010.

Kofner, S. (2004): Wohnungsmarkt und Wohnungswirtschaft. Oldenburg Verlag. München 2004.

Kohli, E./Mottola, M./Niethammer, S. (2007): Direkte oder indirekte Immobilienanlage, St. Gallen, 2007.

Köhler, C./Weber, M. (2013): Die Finanz- und Wirtschaftskrise. Ursachen, Folgen und Interventionen. In: Lehman Brothers und die Folgen. Berichterstattung zu wirtschaftlichen Interventionen des Staates. Hrsg.: Quiring, O. Universität Mainz. Verlag Springer Fachmedien. Wiesbaden, 2013.

KPMG (2013): KPMG-Umfrage – Immobilienbranche für 2013 zuversichtlich, Pressemitteilung vom 17.12.2012, http://www.kpmg.de/Presse/35598.htm. Aufgerufen 19.09.2013

Leichnitz, W. (2008): Typische Anlagestrategien am Immobilienmarkt. In: Bierbaum, D. (20089: So investiert die Welt. Globale Trends in der Vermögensanlage. Verlag Gabler, Wiesbaden, 2008, S. 222 – 232.

Leykam, M. (2013): AXA Immoselect lässt den Abwertungshammer fallen. In: Immobilienzeitung, Fachzeitung für die Immobilienwirtschaft http://www.immobilien-zeitung.de/ 1000015151/axa-immoselect-laesst-abwertungshammer-fallen. Aufgerufen 02.09.2013.

Leykam, M. (2013): INREV: Anleger mögen mehr Value-add, aber zeichnen Core. In: In: Immobilienzeitung, Fachzeitung für die Immobilienwirtschaft vom 24.01.2013: http://www.immobilien-zeitung.de/1000012571/inrev-anleger-moegen-mehr-value-add-aber-zeichnen-core. Aufgerufen 19.09.2013.

Linsin, J. (2013): Deutschland Investment MarketView Q2 2013. CBRE Global Research and Consulting. Frankfurt, 2013.

Linsin, J./Richolt, D. (2013): Langfristige Perspektiven für den Kreditmarkt: „Debt Funds – Wie groß ist das Marktpotenzial wirklich?" In: Germany ViewPoint von CBRE, Januar 2013.

Lück, D. (2013): § 10 KWG – Eigenkapitalkonzeption. FHTW Berlin, LV Prof. Dr. Uwe Christians. Hrsg. BIfBU – Berliner Institut für Bankunternehmensführung. http://www.bifbu.de/inhalte/Dateien/Gesamtbankplanung%20und%20-steuerung/%A710_K WG.pdf. Aufgerufen 20.09.2013.

Medla, H./Landgraf, D./Rehse, D. (2010): Dunkle Wolken am US-Markt für Gewerbeimmobilienfinanzierungen: Droht ein ähnliches Szenario für Deutschland?. In: EBS Diskussionspapiere zur Immobilienwirtschaft, Nr. 1. EBS Business School, Wiesbaden, 2010.

Michler, A. F./Thieme, H. J. (2009): Finanzmarktkrise: Marktversagen oder Staatsversagen? Ordo 2009/Bd. 60, S. 185 – 210.

M&A Review (2011): Deutsche Bank verkauft Zentrale für 600 Mio. Euro and DWS-Fonds. Ausgabe 5/2011. http://www.ma-review.de/deals/meldung/deutsche-bank-verkauft-zentrale-fuer-600-mio-euro-and-dws-fonds-ausgabe-52011.html. Aufgerufen 08.10.2013.

n-tv (2012): 100.000 Anleger sind betroffen. Offener Immobilienfonds liquidiert. Artikel vom 29.02.2012, Rubrik Wirtschaft. http://www.n-tv.de/wirtschaft/Offener-Immobilienfonds-liquidiert-article5634271.html. Aufgerufen 10.09.2013.

Perridon, L./Rathgeber, A./Steiner, M. (2009): Finanzwirtschaft der Unternehmung. 15. überarbeitete und erweiterte Auflage. Vahlen Verlag, München, 2009.

Pfnür, A. (2011): Modernes Immobilienmanagement: Immobilieninvestment, Immobiliennutzung, Immobilienentwicklung und –betrieb. 3. Auflage. Verlag: Springer, Berlin, 2011.

Pilz, G. (2007): Immobilienaktien und REITs. Investmentchancen für Anleger. Oldenbourg Verlag. München, 2007.

Pohl, A. (2013): Eine reale Kreditklemme gab und gibt es nicht. In: Der Immobilien Brief. Fakten, Meinungen, Tendenzen. Nr. 306. 40. KW. 04.10.2013. ISSN 1860-6369. Verlag Research Medien AG, Rheda-Wiedenbrück, 2013, S. 42 – 44.

Radner, P./Volquarts, M (2011): Finanzierungsalternativen für die deutsche Immobilienwirtschaft. Relevanz und Marktstruktur. EBS Diskussionspapiere zur Immobilienwirtschaft, Nr. 2, April 2011. EBS Business School, Wiesbaden, 2011.

Ramacher, R. (2011): Immobilien-Leasing: Investieren und liquide bleiben. In: Creditreform-Magazin, 4. Ausgabe, 2011, S.18.

Roland, F. (2003): Immobilienleasing im öffentlichen Sektor. Eine finanzwissenschaftliche und institutionenökonomische Analyse. Hrsg. Peter Lang. Internationaler Verlag Der Wissenschaften, 1. Auflage, 2003.

Schmitz, N. (2013): „Den Debt Funds fehlen noch die Kontakte". Hrsg.: Hedtstück, M.: PE-Finanzierungen: Interview mit Gerd Bieding und Norbert Schmitz von Altium Capital. In: Finance-Magazin vom 23.04.13. http://www.finance-magazin.de/persoenlich-personal/inter views/den-debt-funds-fehlen-noch-die-kontakte/. Aufgerufen 07.10.2013.

Servatius, W. (2012): Funktionsdefizite beim Offenen Immobilienfonds. Working Paper 2012/1. International Real Estate Business School. Regensburg, 2012.

Sommer, G./Piehler, J. (2003): Grundstücks- und Gebäudewertermittlung für die Praxis. Band 1. Haufe Verlag, Freiburg, 2004.

Sommer, G. (2012): Das Sachwertverfahren nach Sachwertrichtlinie. http://www.goetzsom mer.de/GUG-SW-RL%20%282012%29.pdf. Aufgerufen 09.09.2013.

Sparkassen Leasing (2013): Immobilienleasing. Deutsche Leasing für Sparkassen und Mittelstand. http://www.sparkassen-leasing.de/immobilien-leasing.html. Aufgerufen 01.10.2013.

Thomeczek, H. (2013): Alternative Finanzierung: Die billigsten sind wir nicht. In: Immobilien Manager: Balance Akt. Die Immobilienfinanzierer versuchen das Gleichgewicht zwischen Risiko und Rentabilität zu wahren. Ausgabe 10 / 2013. Immobilien Manager Verlag IMV, Köln, 2013.

Thommen, J.-P. (2008): Lexikon der Betriebswirtschaft. Managementkompetenz von A bis Z. 4., überarbeitete und erweiterte Auflage. Verlag Versus, Zürich, 2008.

Thommen, J.-P. (2008): Managementorientierte Betriebswirtschaftslehre. 8., überarbeitete und erweiterte Auflage. Verlag Versus, Zürich, 2008.

Trübstein, M. (2012): Immobilieninvestoren und –anlageprodukte in Deutschland und Österreich, in Trübstein, M (Hrsg.): Praxishandbuch Immobilieninvestments, Wiesbaden 2012, S. 16-46.

Veith, T. (2013): Auch für Debt Funds muss die Equity Story stimmen. Hrsg.: PWC Financial Services. http://www.pwc.de/de/finanzdienstleistungen/real-estate/auch-fuer-debt-funds-muss-die-equity-story-stimmen.jhtml. Aufgerufen 07.10.2013.

Werner, H. S. (2007): Mezzanine-Kapital. Mit Mezzanine-Finanzierung die Eigenkapitalquote erhöhen. 2., aktualisierte Auflage. Bank-Verlag Medien, Köln, 2007.

Werner, H. (2013): Bankenfreie Finanzierung. Hypothekenanleihen, Secured Corporate Bonds und ABS-Anleihen zur Unternehmensfinanzierung für sicherheitsbewußte Anleger und Investoren. http://bankenfreie-finanzierungen.over-blog.de/article-hypothekenanleihen-und-abs-anleihen-zur-unternehmensfinanzierung-fur-sicherheitsbewu-te-anleger-und-117485243.html. Aufgerufen 30.09.2013.

Zülch, H. (2002): Investment Properties. Die Bilanzierung von Investment Properties nach IAS 40. Düsseldorf, 2002.